潘铭基·著

汉字里的动物世界

中華書局

图书在版编目(CIP)数据

汉字里的动物世界/潘铭基著. —北京:中华书局,2021.6
ISBN 978-7-101-15191-6

Ⅰ.汉… Ⅱ.潘… Ⅲ.汉字-研究 Ⅳ.H12

中国版本图书馆 CIP 数据核字(2021)第 090176 号

书　　名	汉字里的动物世界
著　　者	潘铭基
责任编辑	陈　虎
出版发行	中华书局 (北京市丰台区太平桥西里 38 号　100073) http://www.zhbc.com.cn E-mail:zhbc@zhbc.com.cn
印　　刷	北京瑞古冠中印刷厂
版　　次	2021 年 6 月北京第 1 版 2021 年 6 月北京第 1 次印刷
规　　格	开本/710×1000 毫米　1/16 印张 12　插页 9　字数 100 千字
印　　数	1-8000 册
国际书号	ISBN 978-7-101-15191-6
定　　价	36.00 元

目　录

推荐序一

古人说多读《诗》可以多识草木鸟兽虫鱼之名。人为万物之灵，其实普天之下，灵异之物，又岂止人？我们见闻不广，所认识的往往只限于周遭方圆之内，和日常生活有关的草木鸟兽虫鱼。以马为例，马只是泛称，古书中记载有关马的名称总有好几十个，根据年龄可分驹、驰等，根据体高可分骍、驰等，根据毛色纯杂可分骝、骅等。古代词典里有关马的字，我们现在大体都不认识，为什么？因为这些分类与我们今天生活无关，根本不需要知道这些名称。广东人冰、雪不分，明明是冰箱却叫雪柜，为什么？南方根本不下雪。但是在爱斯基摩人的语言中，就雪的名称也有好几十个。生活在冰天雪地的环境中，雪的大小、雪的颜色、雪的用途，都与生活息息相关。

因为实际要求，所以就要辨别正名。我们中国人最重视人伦关系，反观西方文化，叔、伯、舅不分，姑、姨、婶同名。所以名称不但只是一种称呼，名称背后也显示生活所触及的各个环节，反映一个语言、一个民族对环境的认知，对人生价值的取舍。时代转移，人的认知也跟着改变，许多对事物的名称也就随之消长增减。换言之，从命名的转变，我们也可以进一步考索人类怎么从一个原始社会渐渐步入一个新时代、新环境，习得一种新的认知语言。潘铭基教授的研究，正可以带我们一步步踏入老旧的社会里，从语言文字上，重新认识我们文化的根源。我们周遭的草木鸟兽也许也是源自远古，但是从潘教授的探索讨论中，我们可以重新建立我们和自然界各种灵异物之间那种似相隔但又不可分割的关系。

张洪年

美国加州大学伯克莱分校荣休教授

香港中文大学荣休教授

推荐序二

认识潘铭基教授，始于1997年。他当时正在香港中文大学中文系升读二年级，眉目英爽，一脸青涩；言谈之间，他展现了敏捷的思维、高远的理想。本科毕业后，潘教授即以贾谊《新书》为题，随我撰写硕士论文，于贾生思想渊源，乃至《新书》与先秦两汉文献之关系，多所发明，推旧出新，卓然有立。及后，潘教授又以《汉书》颜师古注为题，完成了博士论文。他深入探究了颜注的立意依据，乃至其经学思想，以至训诂渊源，多有创获，考证翔实，弥足称道。潘教授于2007起执教于中大中文系，迄今亦已十三寒暑；从师徒关系到同校共事，蓦然回首，我们相识已然二十三年。岁月匆匆，我已渐入暮年，却喜见潘教授正当盛壮，醉心古籍，笔耕不辍，经年不倦，令人欣喜。

潘教授迄今已出版多种著述，均属古籍专业范畴，钻研既深，趣味乃浅，对一众年青学生而言，未必吸引。潘教授有见及此，尝试采取折衷方法，就平素阅读所得，搜集古籍中的动物描述，尤其个中珍禽异兽，考察其中品种类属、古今名称演变，图文并茂，娓娓道来，趣味盎然。

举例而言，司马迁《史记·屈原贾生列传》记贾谊谪居长沙，“有鹗飞入贾生舍，止于坐隅。楚人命鹗曰‘服’”。究竟“鹗”为何物？为何楚人称之曰“服”？潘教授《从贾谊到哈利·波特：中西文化里的猫头鹰》提供了明确的答案：

> 如果鸮是今天的猫头鹰，则“鹏”是貌似猫头鹰的一种不祥之鸟。……结合《史记》三家注的说法：“鸮”是此鸟的通名，在楚地则称之为“服”；其颜色或为黑色，或为绿色；不能远飞，大小与斑鸠相若，稍大于鹊；其叫声为“服”，乃恶鸟。如果飞入人家，则会带来凶事。……至于西方文化，更与中国迥异。在英语中，“owl”（猫头鹰）一词属于拟声词，来源于拉丁语，原指哀伤的哭叫声，今代表了猫头鹰的啼叫声。……哈利·波特的猫头鹰，是海格（Rubeus Hagrid）送给他的生日礼物，是一只雪鸮（Snowy Owl）。在现实生活里，雪鸮全身雪白，非常漂亮。体长在55到70厘米之间，属于体型较大的猫头鹰。雪鸮广布在整个北极圈周围的冻土地带。在小说的魔法世界里，猫头鹰和魔法师之间有着神秘的联系，是魔法师的信使、忠实的伙伴。此因猫头鹰有敏锐的观察能力和杰出的记忆力，能够帮助主人记着复杂的魔法配方和咒语。

贾谊坐旁的服鸟，原来类近哈利·波特的猫头鹰信使，中西古今，悄然吻合。再考《诗经·小雅·何草不黄》云：“匪兕匪虎，率彼旷野。”及后，司马迁于《史记·孔子世家》记述孔门师徒厄于陈、蔡，弟子早有愠心，孔子因召子路、子贡、颜回而问焉，孔子曰：“《诗》云‘匪兕匪虎，率彼旷野’。吾道非邪？吾何为于此？”三名弟子依次回应，修为有别，高下立见。不论研究《诗经》抑或《史记》，学者多以为“兕”者即指今之犀牛，因而将“匪兕匪虎，率彼旷野”，理解为“既非犀牛，又不是老虎，我们何故奔走于旷野之中”？潘教授反复思考，不以为然，在《兕与犀》一文中，提出反驳：

> 看看字书里的解释。《尔雅·释兽》："兕似牛。"郭璞注："一角，青色，重千斤。"可见"兕"是头一角青牛。……兕生性凶猛，能与虎并称；犀牛是草食动物，生性温驯，二者自是有所分别。《尔雅》说犀似豕而兕似牛便是最佳证据。郭璞将二者都说成"似牛"，其实是混为一谈，并不正确。时代愈后，有关"兕"和"犀"的记载似乎愈趋混乱。宋人丁度所编《集韵》，释"兕"谓"一说雌犀也"，即"犀"为雄性犀牛，"兕"为雌性犀牛。……"兕"已绝种，我们应该珍惜剩余下来的犀牛。犀牛，现今主要分布在非洲和东南亚。因犀角之药用和艺术价值，猎人捕猎过度，近世以来，犀牛数量急促下降。现存的犀牛有五种，分别是"白犀牛"(19,682—21,077)、"苏门答腊犀牛"(少于100)、"黑犀牛"(5,042—5,455)、"爪哇犀牛"(58-61)和"印度犀牛"(3,500)。其中印度犀牛和爪哇犀牛是独角的，与另外三种双角犀牛有所不同。

潘教授考证严密，不囿旧说，于此可见一斑。本书以趣味的笔触，细写古籍中的奇异动物，结合西方文化视野，取精用弘，说解精确，当能吸引一众年青读者，共同细味中国传统典籍的优美文辞。

先秦两汉典籍记载动物众多，西汉刘向《说苑·复恩》篇首章，即提及北方之兽"蛩蛩巨虚"，以为乃"复恩"思想之典范。"蛩蛩巨虚"在生活上经常得到"蟨"的接济，而"蟨"天生"前足鼠，后足兔"，因而不便行走，每当危难之时，"蛩蛩巨虚"便会实时背负"蟨"而逃走。《说苑》总结道："夫禽兽、昆虫犹知比假而相有报也，况于士君子之欲兴名利于天下者乎？"此所谓"施德者贵不德，受恩者尚必报"。动物世界重视情义，足为世间君子学习取法，受恩必报，乃可称道。潘教授立意整理古籍中的动物材料，重新展现那情义兼备的动物世界，实在值得表扬支持。他请我为此书撰写序文，我想到年青岁月的潘教授，与他经年不息的治学态度，我是再乐意不过了。

何志華

香港中文大学中国语言及文学系教授
中国文化研究所刘殿爵中国古籍研究中心主任

前言：一次走进古代字书的旅程

东汉班固《汉书·艺文志》说："古者八岁入小学，故《周官》保氏，掌养国子，教之六书。"保氏是官名，出自《周礼·地官·大司徒》，其主要负责对君主、天子的规谏。据《周礼》所记，古人在八岁时候进入小学，而保氏掌管教养世子之事，教给他们汉字六书（象形、指事、会意、形声、转注、假借）。可见，古代小学的教学内容与传统汉字学习关系密切，而学习汉字目的就是为了读懂经书。就《汉书·艺文志》所载，小学字书包括《史籀》《苍颉》《急就》《训纂》等，皆便于讽诵，可助小童学习，却未有逐字释义。此外，如《尔雅》《说文解字》《方言》等，各有解说，代表了古汉语单音节词汇丰富的一面，亦是一部又一部的经学用书。中国古代字书包罗万有，活像百科全书。虽然其初衷乃在解释经书，但在今天看来，却是颇具科学精神，可供我们探赜索隐，窥看古人生活的点滴。

《尚书·泰誓上》说："惟人万物之灵。"在我们的历史里，人类一直以超乎其他生物的智力而著称，人乃万物之灵，古代中国已经有这样的认识了。另一方面，人类的生活一直跟其他生物息息相关，同一屋檐下，不可分割。人禽之辨是道德哲学的课题，同样也是生物学上的课题。究竟人与动物的区分在哪里呢？道德哲学并非本书关心的话题，生物分类法上的人禽之辨却是在在可见、容易掌握。人是哺乳纲灵长目人科人属的动物，不是此科此属的，是不是都可以称之为“禽”呢？打开传统字书，我们可以看到古人眼中的动物世界，以及他们对大自然的各种想象。而且，似乎古人的动物世界，比起今天的更为耐人寻味，其分类亦显得更为细致。

在本书里，使用最多的字书是《尔雅》和《说文解字》，以下略谈二书所见的动物词汇。《尔雅》一书今见十九篇，《汉书·艺文志》载为二十篇，清人宋翔凤以为所佚篇章当为序文。《尔雅》最后五篇分别是《释虫》《释鱼》《释鸟》《释兽》《释畜》，分门别类讨论与动物相关的词汇。诚然，如此分类不无问题，与今天的生物分类法也大相径庭。然而，《尔雅》驻足于古书字义的解说，并将相关解说胪列成书，再作分类整理，代表了先民对事物的理解，年代久远，弥足珍贵。东汉王充《论衡·是应篇》说：“《尔雅》之书、五经之训故，儒者所共观察也。”可见《尔雅》与传统经学的关系。黄侃所言更为具体：“《尔雅》解释群经之义，无此则不能明一切训诂。”（黄焯《尔雅音训序》引）简单扼要地指出了《尔雅》的重要性。

且看宋人邢昺对《尔雅》动物类篇章的解说。谓《释虫》：“《说文》虫者，裸毛羽鳞介之总称也。此篇广释诸虫之名状，故曰释虫。”谓《释鱼》：“《说文》云：‘鱼，水虫也。’此第释其见于经传者，是以不尽载鱼名。至于龟、蛇、贝、鳖之类，以其皆有鳞甲，亦鱼之类，故总曰释鱼也。”谓《释鸟》：“《说文》云：鸟者，羽禽之总名。象形字。《左传》曰‘少皞氏以鸟名官’之类。此篇广释其名也。”谓《释兽》：“《释鸟》云：‘四足而毛谓之兽。’《说文》云：‘兽，守备也。’此篇释其名状，故曰释兽。”谓《释畜》：“《字林》畜作嘼。《说文》云：兽也，人之畜养者也。所以与《释兽》异篇者，以其畜是畜养之名，兽是毛虫总号。故此篇唯论马、牛、羊、彘、犬、鸡，前篇则通释百兽之名，所以异也。”

就此五段文字，以下几项可细论：

①动物多称“虫”。此中包括《释鱼》的“水虫”、《释兽》的“毛虫”，以及《释虫》之“虫”。其实，古人习惯用“虫”泛指一切动物，并把虫分为五类：禽为羽虫，兽为毛虫，龟为甲虫，鱼为鳞虫，人为倮虫。由是观之，古人“虫”的概念比起现在大得多，可以总称一切动物。

②分类与定义问题。就《释鱼》之名观之，其意涵似乎非常简单，但毕竟邢昺并非《尔雅》作者，《尔雅》成书下限不会晚于西汉，宋人看了古人的阐述，也有不解的地方。翻开《释鱼》遍观之，除了鱼以外，还包括了龟、蛇、贝、鳖之类，四者跟鱼有何共通之处，邢昺指出乃在皆有“鳞甲”。能够看到共通点固然好，但在今天的生物分类法里，鱼、龟、蛇、贝、鳖也有天壤之别。至于《释兽》所谓全篇旨在“释其名状，故曰释兽”，同样没有指出此篇的独特之处。试想想，《释虫》《释鱼》《释鸟》《释兽》《释畜》等五篇文字，哪一篇不是在做“释其名状”的工作？如果仅将此项工作加诸《释兽》之上，实在并不合理。

③《释兽》与《释畜》所载动物的分别。看看《释畜》所载，乃是马、牛、羊、彘、犬、鸡等动物，何以此等动物不在《释兽》之列？难道它们就不可以“释其名状”的吗？邢昺略加解说，以为“畜是畜养之名，兽是毛虫总号”。前文尝谓古人以所有动物皆为“虫”，此“兽”是五虫之一，而“畜”则是指其生活环境与方式，原则不一，甚为不类，只可稍作区分矣。

《尔雅》之书，晋人郭璞《序》云：“若乃可以博物不惑，多识于鸟兽草木之名者，莫近于《尔雅》。”是书诚为博物学之巨著，而且郭璞亦注释了《方言》《山海经》《穆天子传》等书，其人亦一代博物学之大家也。管锡华《尔雅研究》以为《尔雅》“最早地、较有系统地给自然科学进行了分类”，其说是也。

东汉许慎《说文解字》同样是一部经学用书，如果说《尔雅》的分类是据义相从的话，《说文解字》则明显地是一部“据形系联”的著作。《说文》全书分为540部首，收录了9353字，每个部首以下收录若干字。举例而言，马部收录了115个与“马”相关的字，鹿部收录了26个与“鹿”相关的字。跟《尔雅》不同的是，《说文》载录了许多马匹名称以外的词汇。如“骑，跨马也。从马奇声”“驾，马在轭中。从马加声”，此“骑”与“驾”便非纯粹不同品种、毛色、大小马匹的名称，与《尔雅》不尽相同。许慎有“五经无双”的雅号，《说文》里明引经书的次数极多，此书与经学的关系实昭然若揭。清人桂馥《说文解字义证》胪列书证，以见《说文》释义所本，其功亦大矣，可作参考。邹晓丽《基础汉字形义释源》按照《说文》540部首的意义，分为7个大类、24个小类。其中“以人体为内容的部首”共197个，“以器用为内容的部首”共180个，动物类部首61个，植物类部首31个，自然界类部首37个，数目字部首12个，天干地支部首22个。在动物类部首之中，复区分为与飞禽相关的20个，与家畜相关的13个，与走兽相关的17个，与爬虫、鳞甲动物相关的11个。其具目如下：

飞禽类部首：鸟、乌、隹、雔、雥、奞、雈、几、燕、乙、风、飞、卂、羽、习、𠦒、率、卵、西、巢。

家畜类部首：牛、牦、叀、𦫳、羊、羴、豕、彑、㣇、豚、马、犬、㹜。

走兽类部首：舄、象、虍、虎、虤、廌、鹿、麤、萈、兔、㲋、鼠、能、熊、釆、内、嘼。

爬虫、鳞甲类部首：虫、䖵、蟲、它、豸、易、黾、鱼、鱻、龙、龟。

《尔雅》编字以类相从，《说文解字》则先从字形的关系入手，二者不尽相同。然而，《说文》释义之时仍多本诸《尔雅》，二书关系密切，故在探讨字书里的动物时，多并据之。

本书所讨论的动物，或日常习见，或属传说之中，或已告绝种，或处于濒危。《互助的邛邛岠虚与蟨》，阐析了两种传说中的动物，孰为真假，无人得知。但见其互助的本性，可为人所借鉴。《仁义两全的驺虞》，细言驺虞的习性，以及现实世界里的动物原型。《因误会而结合的狮子与大雀》，讨论的是“狮”字，看看它究竟是一个怎样的动物。《能知人心的大犬》，综观獒犬的古今佚事。《五福临门》，细看蝙蝠的文化意涵，以及古人对哺乳类动物飞行的认识。《兕与犀》，讨论兕牛与犀牛的异同，并进而分析现今世界各地犀牛之稀见。《能舐食铜铁及竹骨的稀有动物》，分析字书里的大熊猫形象，以及其生活习性。《是猫还是狗》，从汉字偏旁入手，细言有“豸”与“犭”偏旁的字，其与猫和狗的关系，进而讨论在生物分类法，如此认识是否正确。《问世间情是何物》，说的是野生的雁与畜养的鹅的故事。《不是鱼也不是猪的海豚》，从“豚”为猪的角度出发，以见海豚作为海洋里哺乳类动物的特色，分析时亦结合各地方言以为依据。《横江湖之鱣鲸》，看鲸鱼这种大型哺乳类海洋生物在古人眼中的形象。《无前足的貀》，带大家到海洋世界，窥探只有两肢的貀如何生活。《三脚鳖与龟》，从传统文化成双成对的角度，讨论只有三脚的鳖和龟。《胜义纷陈的古代马世界》，分析跟马匹相关的汉语词汇，得见古汉语词汇极为繁富的一面。《穴居之兽》，分析的是各种鼠类动物，并以此推敲其为今天所见的哪一种动物。《雌雄动物不同论》，主要分析同一动物，因性别相异而有不同的词汇以作表达的情况。《动物小时候》，分析一些形容动物幼仔的词汇，以见古汉语词汇的丰富多姿。《从贾谊到哈利・波特——中西文化里的猫头鹰》，顾名思义，旨在探讨鹏鸟与猫头鹰在中西文化里的不同观感。《豺狼当路衢与土地之神——漫谈中西豺文化》，从文学作品出发，看世界各地对豺的认识。《绝笔于获麟》，写长颈鹿是否即古之所谓麒麟，复见长颈鹿在今天所遭遇的危机。

人是动物的一种，动物也活在我们的身边，有些动物甚至称之为“人类的朋友”。可是，人类社会的大肆发展，一步步改变了大自然环境，不少动物的栖息地皆受到不同程度的破坏，有些物种一直减少，有些甚至已告灭绝。有人会援引“物竞天择，适者生存”来说明这个情况，人类就可以这样放过自己吗？生态平衡是万事万物得以继续存活的关键，破坏了而不可挽回的不单是物种的生命，更是我们自己居住的环境。人与动物共融不单是口号，更是我们的目标。如果人类继续破坏动

儿子五岁时的作品《我与动物共融》

物的栖息地，在不久的将来，传统字书里的动物都会变成传说，一切只会成为追忆！

在读图时代的今天，图文并茂是常识。汉字里的动物，如果有图陪衬，犹如妙笔生花，方可使人目不暇给。本书里的图片，部分为古籍版画，如《尔雅图》《山海图》《三才图会》《古今图书集成》等。又有一些来自中国古代名画，现藏各地的博物馆。此外，有些动物照片由本人在旅途中所拍摄；更有一对儿女（潘乐仁、潘乐怡）所绘画的充满童趣的几张动物画，在此一并说明。

潘铭基

《明内府驺虞图》(现藏台北故宫博物院)

明人画《狻麑图轴》

元人画《贡獒图轴》(现藏台北故宫博物院)

宋钱选《西旅献獒图》(局部)

清佚名《亲藩围猎图》

野生的印度犀牛
（笔者摄于尼泊尔哲云国家公园〔Royal Chitwan National Park〕）

白犀牛（笔者摄于日本九州岛自然动物园）

清聂璜《海错图》里的海豚

中华白海豚

清聂璜《海错图》里的膃肭兽

捷克共和国布拉格动物园里的普氏野马

清郎世宁笔下的大宛骝

赛特（Set）

长颈鹿（笔者摄于美国洛杉矶动物园）

明《瑞应麒麟图》（现藏台北故宫博物院）

互助的邛邛岠虚和蟨

孟子说："人之所以异于禽兽者几希。"这里的"几希"，指的是只有一点点，是人类与生俱来的"良能""良知"，苟能扩而充之，恻隐之心、羞恶之心、辞让之心、是非之心便能成就仁、义、礼、智。人之所以为人，乃在于此。由四端而及于五伦，因此人类社会才会"父子有亲，夫妇有别，君臣有义，长幼有序，朋友有信"。至于其他动物，人类大抵不以其有朋友一类，尤其是不同种类的两种动物。能够互相帮助的动物，应该首推"邛邛岠虚"和"蟨"。

《尔雅·释地》云："西方有比肩兽焉，与邛邛岠虚比，为邛邛岠虚啮甘草，即有难，邛邛岠虚负而走，其名谓之蟨。"据《尔雅》所说，蟨和邛邛岠虚是比肩兽，两两挨着，并肩而走，蟨为邛邛岠虚咬吃美味甘草；至若发生灾难，邛邛岠虚便会背负蟨逃跑。二兽并走，袁珂《山海经校注》以为"犹比肩之兽也"。"邛邛岠虚"和"蟨"的友道精神，比起人类的友情更令人肃然起敬。两种动物的具体形象怎样的呢？动物的友道精神又当如何理解呢？

蟨（《说文解字》）

鼠（《说文解字》）

先说"蟨"。《吕氏春秋·慎大览·不广》云："北方有兽，其名曰蟨，鼠前而兔后，趋则顿，走则颠，常为蛩蛩距虚取甘草以与之。蟨有患害也，蛩蛩距虚必负而走。此以其所能托其所不能。”这里相对细致地描绘了蟨的外貌。这头名为“蟨”的义兽，前半身像鼠，后半身像兔，快跑之时很容易绊倒，慢走之时则摇晃不定。总之，“蟨”是一行动不便的动物，意味着它并不善于捕食。《说文解字·虫部》云：“蟨，鼠也。一曰西方有兽，前足短，与蛩蛩巨虚比，其名谓之蟨。从虫厥声。”《说文》的解说便与《尔雅》稍有不同，或以“蟨”为鼠属（取《吕氏春秋》“鼠前而兔后”之意），或为前足短而后足长的动物。要之，其行动不便当无二致。北齐刘昼《新论·托附》云：“蟨鼠附于蛩蛩，以攀追日之步。”明李时珍《本草纲目·兽之三·鼠》“蟨鼠”条下云：“今契丹及交河北境有跳兔。头、目、毛色皆似兔，而爪足似鼠。前足仅寸许，后足近尺。尾亦长，其端有毛。一跳数尺，止即蟨仆，此即蟨鼠也。”李时珍所说的跳兔，与《尔雅》的“蟨”最为接近。

跳兔，又名跳野兔，乃哺乳纲啮齿类跳兔科的唯一物种。就外观而言，像细小的袋鼠，后肢发达，可如袋鼠般以后肢跳跃；且较前肢为长，颈部肌肉发达，头颅很短。主要栖息地为内蒙古东部和非洲东南

跳兔（参自维基百科）

部。食物为植物和昆虫。因栖息地环境遭受破坏，跳兔曾于1996年被列入IUCN濒危名单，后来情况有所改善，至2001年改列为无危。《尔雅》以为“蟨”乃“鼠前而兔后”，跳兔的特征与此相同；以植物和昆虫为食物，与“蟨”的食“甘草”亦同。交河在今新疆吐鲁番地区，契丹即今蒙古之地，皆与跳兔栖息于内蒙古相近。明人谢肇淛《五杂组》卷9云：

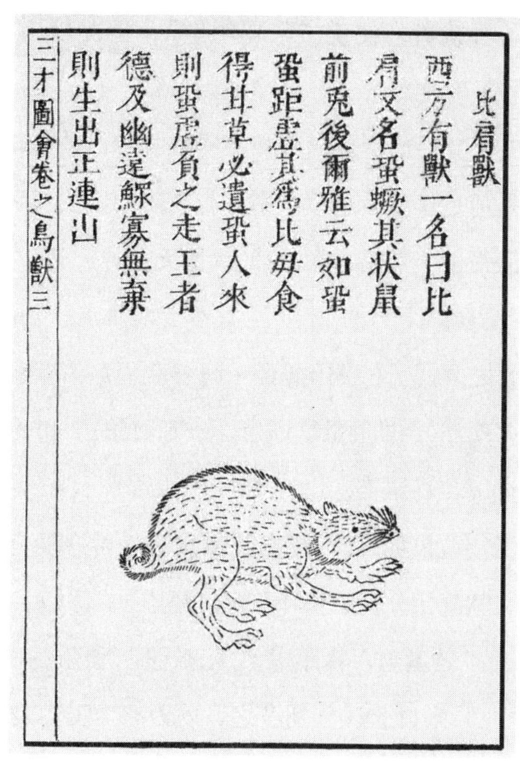

比肩獸

西方有獸一名曰比肩又名蛩蟨其狀鼠前兎後爾雅云如蛩蛩距虛其爲比毋食得甘草必遺蛩人來則蛩虛負之走王者德及幽遠鰥寡無棄則生出正連山

三才圖會卷之鳥獸三

> 蟨鼠前而兔后，趋则顿，走则颠，故常与邛邛距虚比，即有难，邛邛距虚负之而走。蟨啮得甘草，必以遗邛邛距虚也，号为比肩兽，然世未尝见之。宋沈括使契丹，大漠中有跳兔，形皆兔也，而前足才寸许，后足则尺许，行则跳跃，止则仆地，此即蟨也，但又未见邛邛距虚耳。物之难博如此。

谢氏先指出蟨鼠的特点，亦有道出邛邛距虚与蟨的故事，最后援引宋人记载，直接指出“蟨”即跳兔。准此而言，“蟨”似乎距离我们不远，传统字书里的动物，也有可能出现在我们的身旁。

接着，便说“邛邛岠虚”，情况较诸“蟨”更为复杂。前引《尔雅·释地》之文，郭璞注因“蟨”乃“鼠前而兔后”，故云：“邛邛岠虚亦宜鼠后而兔前，前高不得取甘草，故须蟨食之。”据此，“邛邛岠虚”，是前足长而后足短，刚好与“蟨”相反，因此难以吃草，故得依赖“蟨”的帮助，然后方可进食。《穆天子传》云：“邛邛距虚走百里。”郭璞注：“马属。《尸子》曰：‘距虚不择地而走。’《山海经》云：‘蛩蛩距虚。’并言之耳。”又，《山海经·海外北经》：“有素兽焉，状如马，名曰蛩蛩。”郭璞注：“即蛩蛩巨虚也，一走百里。”可见“邛邛岠虚”善走，日行百里，与马同类。《说文解字·虫部》云：“蛩蛩，兽也。一曰秦谓蝉蜕曰蛩。从虫巩声。”指出“蛩蛩”是兽，没有“巨虚”二字。此外，有些文献甚至分言“邛邛”和“岠虚”，仿如二物。汉人司马相如《子虚赋》云：“蹵蛩蛩，辚距虚。”张揖注：“蛩蛩，青兽，状如马。距虚，似骡而小。”张揖此注分别言之，以为“蛩蛩”是一物，“距虚”是一物。黄香《九宫赋》“三台执兵而奉引，轩辕乘駏驉而先驱”，章樵注：“駏驉，兽似骡。”张揖谓“距虚”似骡，盖亦马属，故“蛩蛩”和“距虚”二者属性相近。章樵注便直接指出“駏驉”似骡。《逸周书·王会解》谓“独鹿邛邛距虚，善走也”，指出“邛邛距虚”善走，与《穆天子传》无异。然而，此句孔晁注：“邛邛，兽似距虚，负厥而走也。”让人讶异的是，原本背负“蟨”逃跑的“邛邛距虚”，在这里变成了“邛邛”背负“厥”（即“蟨”），而“距虚”的戏分没有了。郭璞曰：“距虚即蛩蛩，变文互言耳。”师古曰：“据《尔雅》文，郭说是也。”刘昼《新论·审名》云：“蛩蛩巨虚，其实一兽，因其词烦，分而为二。”段玉裁《说文解字注》以为“邛邛岠虚”实为一兽，以郭璞释义为长。总之，“邛邛岠虚”当是一物，不当分而言之。窃疑“岠虚”即骡，“邛邛”乃其中分支；“邛邛岠虚”即“岠虚”而名之为“邛邛”者也。

在字书里有很多传说的或罕见的动物，“距虚”却不是，在文学作品中多见其身影。韩愈《醉留东野》有“愿得终始如駏蛩”句，李商隐《李贺小传》谓李贺“常从小奚奴骑距虚”[①]，这里的“駏蛩”“距虚”，也就是“邛邛距虚”罢了。宋人张耒《孙彦古画风雨山水歌》“鞭驴疾驱者谁子？石路崄涩驉凌兢”，以“驴”“驉”相对，此“驉”亦即“邛邛距虚”之谓也。

骡是马和驴的杂交种，其中以母驴和公马为主。然而，二者结合的机率并不高，有的公马用了六年时间才成功与母驴交配。骡没有生殖能力。骡的体形比马小、比驴大，耳比马长、比驴短。大多数黑色，形状像马。性比马倔强，比驴温顺。骡是群居动物，多栖息于马群之中。骡勇于与野兽搏斗，好奇心强。食物以草、树叶为主，食量大于驴小于马。在字书的描述里，“邛邛岠虚”是马属，“蟨”既为“邛邛岠虚”取甘草，则亦为草食动物。前文郭璞以为“邛邛岠虚”或前足长而后足短，且能一走百里，如较之以骡，则或不相类。

回到《尔雅·释地》的解说上，其云：“西方有比肩兽焉，与邛邛岠虚比，为邛邛岠虚啮甘草，即有难，邛邛岠虚负而走，其名谓之蟨。”结合郭璞注可知，“蟨”是“鼠前而兔后”，而“邛邛距虚”则是“鼠后而兔前”。质言之，“蟨”是前肢短而后肢长，“邛邛距虚”反是。在下《尔雅图》里，两只动物步伐一致，并肩而行，图画的右上方亦有“西方有比肩兽”六字。可是，两只动物四肢长短刚好相反，如何可以并肩？其实并不可能。“蟨”和“邛邛距虚”可以互相帮忙，但不可能并

①案：此为《山谷外集诗注》卷11《次韵戏答彦和》“锦囊诗句愧清新”句注引。《李义山文集》（《四部丛刊》本）卷4《李贺小传》作“恒从小奚奴骑疲驴”、《李义山文集笺注》（《四库全书》本）卷10同篇作“恒从小奚奴骑距驴”。《新唐书》卷203《李贺传》叙及此事，作“每旦日出，骑弱马，从小奚奴，背古锦囊，遇所得，书投囊中”。可见诸本所载或有不同。

比肩兽（《尔雅图》）

肩而行。

“邛邛岠虚”与“蟨”相附而生，二者有共生关系。我们今天未必可见“骡”与“跳兔”互相帮忙，相附而生。然而，动物界仍有相类似的情况，举例而言，牛背鹭与水牛的关系便是如此。牛背鹭多在湿地较干之处，并停留在水牛背上。此因水牛背上多有寄生虫，且水牛吃草之时，会惊动草丛里的虫子，牛背鹭便可以把虫吃掉。牛背鹭和水牛是互利共生的关系。当然，“邛邛岠虚”和“蟨”仍然是最特别的，二者俱为草食动物，却不争食，反而是互相帮助，得食同享。

还有一种不能不提的，是非洲啄牛鸦（Oxpecker）和它的好朋友犀牛。我们可以在犀牛的身边，经常看见非洲啄牛鸦。对于啄牛鸦来说，犀牛是一张会自行移动的餐桌，啄牛鸦最爱吃寄生在犀牛身上的虱子。对犀牛而言，啄牛鸦可以吃掉在自己身上的寄生虫，并且在周边出现危险时发出警报。悠然自得的犀牛与忙碌勤奋的啄牛鸦，形成了强烈的对照。

“蟨”或许是跳兔，“邛邛距虚”或许是骡，我们都不确定。可能，它们都是传说中的动物，能够得到后世传颂的，其实是两者互相帮助的精神。“蟨”可以帮助“邛邛岠虚”找食物，而“邛邛岠虚”可以背负“蟨”逃难。这种情况，已非前文所举有共生关系的动物可以相比。“蟨”和“邛邛岠虚”，可称之为义兽。《毛诗·召南·驺虞》“于嗟乎驺虞”句，《毛传》云：“驺虞，义兽也。白虎黑文，不食生物。有至信之德，则应之。”有关“驺虞”是什么动物，参见后文。驺虞的义在于“不食生物”，大抵其为素食动物。“蟨”和“邛邛距虚”的义，在于其超越物质和功利的互相帮助。诚然，“蟨”和“邛邛岠虚”的记载是真的，但现实中似乎不可能有如此的动物，一切不过是人类对美好世界的向往而有所投射而已。

仁义两全的驺虞

在古代中国的动物世界，有仁德的动物并不罕见。有时候，人与动物的区分并不容易。

驺虞是古代传说里的仁兽。汉人许慎《说文解字》："虞，驺虞也。白虎黑文，尾长于身。仁兽，食自死之肉。从虍吴声。《诗》曰：'于嗟乎驺虞。'"许氏以为虞便是驺虞，是兽之名。驺虞是传说中的仁兽，身上有黑色花纹，与虎相近，然为白色。驺虞之尾巴较诸身体更长，不吃活的动物，以自然死亡的野兽为食。《集韵》以"驺虞"为"兽名"。《玉篇·马部》以"驺虞"为"义兽"，当有大德感动之时方可得见。《尔雅》没有驺虞的记载，胡承珙以为"《尔雅》自以兽非常有，偶遗其名，不得因此遂谓古无是物"。其他典籍关于驺虞的记载亦颇为丰富。《山海经·海内北经》云："林氏国有珍兽，大若虎，五采毕具，尾长于身，名曰驺吾，乘之日行千里。"这里的"驺吾"便是"驺虞"。郝懿行指出《毛传》谓驺虞是"白虎黑文，不食生物"，与此异，明确分辨《山海经》与《毛传》叙述驺虞外貌的相异。《毛诗·召南·驺虞》"于嗟乎驺虞"句，《毛传》云："驺虞，义兽也。白虎黑文，不食生物。有至信之德，则应之。"《说文》以驺虞为"仁兽"，《毛传》则以为"义兽"。郑司农注《周礼》更进一步，谓"驺虞"为"圣兽"。既"仁"且"义"，驺虞自堪称为瑞兽矣。三国时的陆玑《毛诗草木鸟兽虫鱼疏》云："驺虞，即白虎也。黑文，尾长于躯。不食生物，不履生草，君王有德则见，应德而至者也。”驺虞在陆玑的笔下，成了“不履生草”的动物，连有生命的植物也不践踏，驺虞之德可谓至巨。可是，动物如何能有道德的判断？如何可以在走路时避开植物呢？实在值得深思。

驺虞之为仁兽，主因在于其吃自死之肉的生活习性，迹近今所谓“食腐动物”，如秃鹫、秃鹳、鬣狗、狼獾、豺等，可是人类似乎没有打算要将此等动物封为“仁兽”。而且，看见食腐动物在处理腐肉的场面，也没有多少人能够坚持看下去，这仿佛与只吃“自死之肉”的仁兽有着极大的落差。其实，称动物为“仁”本身已有问题，仁爱的对象只有人类。儒家的“仁”，郑玄以为“相人偶”，清人阮元《论语·论仁》篇，皆明确指出“仁”即人与人之关系。《说文》云：“仁，亲也。从人从二。”仁便是各人亲其亲的意思。

驺虞出没有其特点，是“至德所感则见”（《玉篇》）、“君王有德则见”（《毛诗草木鸟兽虫鱼疏》），它的出现与否，与当时君王是否贤德有直接关系。孔子以为士人出仕，“天下有道则见，无道则隐”。在中国古代，天意与人事关系微妙，君主暴行不断，上天必会示警，终而有人替天行道，改朝换代。司马迁撰写《史记》，融汇三千年史事于一书，旨在讨论天意与人事的分际。驺虞是君王“有德则见”，则无道便隐。因此，驺虞的出现，代表了当时君主是位圣王贤君。明成祖永乐二年（1404）九月丙午，周王朱橚来朝，献驺虞，百官称贺，事见《明太宗实录》。周王朱橚（1361—1425），乃明太祖朱元璋第五子。建文帝即位后，朱橚受到猜忌而遭受迫害。靖难之变以后，朱棣登位，是为明成祖。朱橚出于感恩，遂策划进献驺虞之事。其献驺虞，明成祖却刻意推辞，以为祥瑞虽至，要有戒慎警惕之心。其实，明成祖此举只是将自己等同古代圣贤之君，表面上若有所憾，心中实在暗喜。今台北故宫博物

《明内府驺虞图》（［台北］故宫博物院藏）

院藏《明内府驺虞图》，作者利用绘画形式，以驺虞为描绘对象，彰显明成祖的“仁德至信”。此图拖尾题跋为明代二十八位官员的贺辞，内容全为歌颂明成祖得“驺虞”事，铺张扬厉，辞藻雕琢。

不管前代的驺虞是真是伪，这次由朱棣所献的驺虞，图文并茂，兼有史为证。据此，驺虞似乎是今人所谓的白虎。可是，驺虞毕竟奔跑速度飞快，而且“不食生物，不履生草”，则又与白虎不尽相同。

《山海经》是先秦时代的典籍，汉人司马迁在撰写《史记》之时，便直言“至《禹本纪》《山海经》所有怪物，余不敢言之也”，可见《山海经》所载动物均是远古之物。有关“驺虞”，《山海经》便是最早的记载。先秦的驺虞是色彩斑烂的，自汉代以后，驺虞慢慢变成了“白虎黑文”，甚至是“玉雪之质”，以白色为主了。这种演变，与其说是动物进化的过程，不如说是对驺虞的形象从想象到真实的演化。明代人能够捕获驺虞，士大夫对此大为歌颂，显示明代的驺虞是真有其物的。先秦的驺虞已难以考得其实，明代所得的驺虞，似为今天已经绝种的亚洲猎豹。据洪杰、西泠《灭绝的美丽生灵》所载，亚洲猎豹“皮毛短而粗糙，为棕褐色，并散布着小而圆的黑斑。它的头比一般猫科动物要小，但腿特别长，躯体较瘦”，“它的奔跑速度可达每小时113公里，一次跳跃9.1米，是跑得最快的陆栖动物”。“因其性情温顺，很早以前就有人到野外大量捕捉小猎豹来喂养，但成活率极低。在当时拥有训练有素的猎豹，是那些达官显贵们的一种富贵象征，许多有钱有权的人家里都养有猎豹，有的甚至养有几十只”①。可是，猎豹有温驯的品种吗？据王颋《明代礼瑞之兽驺虞考》考证指出，驺虞应该是“白化”的“王猎豹”（King cheetah）②。这种猎豹身上的图案，并不是一般猎豹的小斑点，而是面积更大的斑纹。王猎豹的背部还长有黑色的条纹，颈上有较长的鬣毛。

不过，这样“白化”的王猎豹，还是跟“白虎黑文”的驺虞稍有分别。因此，雪豹（Snow leopard）或者更可能是驺虞。雪豹原产于亚洲中部山区，其主要栖息地在中国天山等高海拔山地。雪豹皮毛为灰白色，有黑色点斑和黑环，尾巴长而粗大，与《明内府驺虞图》所绘画的驺虞最为相似。

雪豹是濒危动物，在“国际自然保护联盟濒危物种红色名录”之内。当然，雪豹以高原动物为主食，包括羊、高原兔、旱獭、鼠类等，要做到“不食生物，不履生草”，几乎是没有可能的。雪豹虽然生性凶猛，但据研究资料所示，却又从不主动袭击人类。谢云辉说：“外表凶悍的雪豹，只要人不去攻击它，它就不会主动袭击人。事实上，在有历史记载以来，天山雪豹也没有吃人的记录。”“原来雪豹在能裹腹的情

---

①洪杰、西泠：《灭绝的美丽生灵》，中国工人出版社2001年版，第12、13页。

②王颋：《明代礼瑞之兽驺虞考》，《暨南史学》2005年第3辑，第194页。

《三才图会》里之“驺虞”

况下，它宁肯去吃植物，也不轻易去吃牧民养的羊”[①]。如果要将雪豹视为仁兽，或许便是因为有这种的能耐。现在，有以下组织专门保护雪豹，如“国际雪豹基金会”（Snow Leopard Trust）和“雪豹网络”（Snow Leopard Network）等，如果它真的是“不食生物，不履生草”的仁兽，便为我们加以保护提供了一个强而有力的理由。

①谢云辉：《揭秘“雪山之王”：雪豹》，《大自然探索》2007年第5期，第55、55—56页。

因误会而结合的狮子与大雀

有人因了解而分开，有人因巧遇而结合，狮子与大雀，似乎无缘相遇，却又神奇地合而为一，成为传奇。

狮子，并非中土本有的动物。《汉书·西域传》载乌弋山离国有之。《汉书·西域传》谓此国有“师子”，孟康注：“师子似虎，正黄有髯耏，尾端茸毛大如斗。”颜师古曰：“师子即《尔雅》所谓狻猊也。狻音酸。猊音倪。”中国本无狮子，乌弋山离即亚历山大里亚·普洛夫达西亚（Alexandria Prophthasia），冯承钧《西域地名》谓“Alexandria”乃“《希腊古地志》城名，古城以此为名者不少，其为中国史籍所著录者有二：一为《汉书》之乌弋山离国，《魏略》之乌弋国，今阿富汗之赫拉特（Heart）”[①]。乌弋山离乃伊朗古国。塞人在大月氏人胁迫之下，南下安息。安息王派苏林率军镇压塞人，塞人降，苏林建立了政权（位处今阿富汗之法拉省）。此即《汉书》所称之乌弋山离国。其地距长安万二千二百里，不属西域都护。《尔雅·释兽》云：“狻麑，如虦猫，食虎、豹。”郭璞注：“即师子也，出西域。汉顺帝时疏勒王来献犎牛及师子。《穆天子传》曰：‘狻猊日走五百里。’”郭璞以为“狻麑”便是狮子，这样说直到东汉顺帝时中国才有狮子。早在《尔雅》编撰之时代，虽

①冯承钧：《西域地名》，中华书局1980年第2版，第3页。

未得亲见，狮子便已有具体形象。《说文解字·犬部》：“狻，狻麑，如虦猫，食虎、豹者。从犬夋声。见《尔雅》。”许慎此释大抵本诸《尔雅》。其中认识无误者，乃知狮子属猫科动物；其误者，则以狮子能“食虎、豹”。狮子分布于非洲和亚洲南部地区，生活于茂密之草甸草原（Meadow steppe）、稀树草原，以及开阔之森林草原和灌木丛中。至于老虎，主要生活在热带和亚热带之长绿树林，二者要相会并不容易。简言之，狮在草原，虎在树林，故《尔雅》《说文》以为“狻麑”可以“食虎、豹”，未必可信。古代之中国人能以“食虎、豹”作为“狻麑”之特性，更是不可思议。今天，由于严重受到人类活动之威胁，狮子在亚洲除印度西北部森林外，已基本上野外灭绝。

《汉书·西域传》赞语极言汉代成立经过五世之后，物产丰盛，奇珍异宝，充斥园囿：“自是之后，明珠、文甲、通犀、翠羽之珍盈于后宫，蒲梢、龙文、鱼目、汗血之马充于黄门，巨象、师子、猛犬、大雀之群食于外囿。”经历文景无为而治，休养生息五代，天下富庶，财力有余，兵马强盛。所以汉武帝为能见到犀、象、玳瑁就开建了珠崖等七郡，有感于枸酱、竹杖就开设了牂柯、越巂等郡，听说天马、葡萄就打通了大宛、安息之路。从此以后，明珠、玳瑁、通犀、翠羽等珍宝积满了后宫，蒲梢、龙文、鱼目、汗血各种骏马充满了黄门，大象、狮子、猛犬、鸵鸟成群地游食于苑囿中。在《汉书·西域传》里，师子（狮子）、大雀（鸵鸟）是两种动物，并非一物，盛产于西域。

又，《后汉书·班梁列传》：“臣老病衰困，冒死瞽言，谨遣子勇随献物入塞。”李贤注引《东观记》曰：“‘时安息遣使献大爵、师子，超遣子勇随入塞’也。”这里李贤注引《东观汉记》说的“大爵”即大雀，和狮子是两种动物。

到了宋人丁度《集韵》里，我们看见一个颇为特别的字—“䴓”。《集

《狻麑图》(《古今图书集成》)

韵·脂韵》:“鰤、鸸，鸟名，或省。”这里指出一种雀鸟的名称，可以写作“鰤”或“鸸”；作“鸸”者省去“自”，故作“鸸”。《集韵》没有指出“鰤”的来源，只言其为鸟的名字而已。明人张自烈《正字通·鸟部》:“鰤，旧注音师。鸟名。按:《博物志》条支国西海有狮子大雀。本作师，俗作鰤。”《正字通》所言，除了注音、鸟名等信息以外，最重要

明人画《狻麑图轴》

的是援引了所谓《博物志》里的一段文字。在《博物志》里，说明条支国有一种动物“狮子大雀”，即是“狮”，它的名字本作“师”，俗写作“狮”。

为什么说是“所谓”的《博物志》呢？因为张华《博物志》并没有条支国的这条记载。不过在《续博物志》却可寻得其踪影。《续博物志》

旧题晋人李石所撰，然据其内容所载，有不少宋代的人和事，《四库提要》谓其内容多为“宋人旧籍轶闻琐语”，则出于宋人编撰明矣。《续博物志》卷3“条支国”载云：

> 条支国，临西海，出师子、太雀。郭义恭《广志》曰：大雀颈及身膺蹄都似橐驰，举头高八九尺，张翅丈余，食大麦。其卵如瓮，今之驰鸟也。汉元帝时有大鸟如马驹，时人谓之爰居。

古籍本无标点断句，离经辨志乃由后人所为。《续博物志》之“师子、大雀”，据后文所引郭义恭《广志》，误会可能因此而起。郭义恭是晋代人，《隋书·经籍志》子部杂家类载有《广志》二卷。《广志》指出，大雀的颈项、蹄皆与骆驼相似，身形高大，抬头时候高八至九尺。翅膀打开了有一丈多长。大雀的粮食是大麦。大雀所生蛋如瓮般巨大，其实就是今天所言驼鸟。在汉元帝时，有一大鸟如马般大，当时的人称之为“爰居”。明显地，《广志》只是解释了“太雀”，而没有及于“师子”，大抵因其不难明白。可是，因为《广志》没有注释，后世学者以为《广志》旨在注释一种名为“师子太雀”的大鸟，即《正字通》所言“鰤”。其实，《广志》所注释之“大雀”，显而易见乃今之所谓驼鸟。

条支国在哪里呢？条支国，即塞琉古帝国，又称塞琉古王朝或塞流卡斯王朝、塞流息得王朝。条支国由亚历山大大帝部将塞琉古一世所创建，其疆域以叙利亚为中心，包括伊朗和美索不达米亚在内。在《史记·大宛列传》里，也有条支国的记载：

> 条枝在安息西数千里，临西海。暑溼。耕田，田稻。有大鸟，卵如瓮。人众甚多，往往有小君长，而安息役属之，以为外国。

国善眩。安息长老传闻条枝有弱水、西王母，而未尝见。

这里所说的“西海”，大概就是波斯湾、红海、阿拉伯海，以至印度洋西北部的位置。《汉书·西域传》里的大雀，加之以《后汉书》《续博物志》等的描述，其实也不过是陈陈相因，所指皆为今之鸵鸟。

鸵鸟，乃现存世界上最大之鸟。竹鸵鸟蛋重量可达1.3公斤，为当今世上最大之鸟蛋；相较鸵鸟之身形而言，鸵鸟蛋乃所有鸟中最小。又，安息国“有大马爵”句，颜师古注：“《广志》云‘大爵，颈及膺身，蹄似橐驼，色苍，举头高八九尺，张翅丈余，食大麦’。”元人王恽《玉堂嘉话》：“曰鸵鸟者，即安息所产大马爵也。”可知“大马爵”亦即鸵鸟也；又因其见于安息，故上引“安息雀”所指亦为同物。结合诸家注解所言，此大鸟高八九尺，《广志》作者郭义恭为晋人，其时一尺约30厘米，则大鸟高约240至270厘米。考诸今之鸵鸟，雄鸟体形较雌鸟大，身高约200至250厘米，最高可达270厘米；雌鸟体形略小，身高约175至190厘米，则《广志》所言与雄性鸵鸟体形相近。又，一丈等同十尺，据此而论，大鸟张翅长度超过300厘米，此亦与今所见鸵鸟相同。至于与骆驼有相似之处，亦与鸵鸟相同。鸵鸟颈长，与骆驼相同；骆驼足宽阔具垫，在沙中行走可起稳定作用，鸵鸟腿壮而无毛，以二趾站立，其大者即呈蹄状。鸵鸟属于草食性单胃禽类，主要吃浆果和肉茎植物，亦兼及如蝗虫、蚂蚱等昆虫。上引《广志》等以为大鸟食大麦，大麦自为植物，此习性亦与鸵鸟无异。

狮子乃哺乳类动物，鸵鸟乃卵生的鸟类，二者结合，自是不可思议。还有，二者是如何结合呢？究竟是狮头鸟身，抑或是鸟首狮身呢？无论是如何的组合、怎样的想象，这种动物只能活在传说之中，不太可能是事实。“狮”其实就是鸵鸟，与狮子最接近的，大抵乃鸵鸟生性

驼鸟（《古今图书集成》）

较为凶悍而已。事实上，古文献所记载的鸵鸟，本身已经是非常神怪。《魏书·西域列传·波斯传》云："有鸟形如橐驼，有两翼，飞而不能高，食草与肉，亦能啖火。"《新唐书·西域列传下·吐火罗传》云："高七尺，色黑，足类橐驼，翅而行，日三百里，能啖铁，俗谓驼鸟。"王恽《秋涧集》卷94刘郁《西使记》谓海西富浪国"有大鸟，驼蹄苍色，鼓翅而行，高丈余，食火，其卵如升许"。看到驼鸟能够吃火吃铁，只能说是出于古人丰富的想象力。鸵鸟无牙，会吞食石子以磨碎胃中的食物，古人或许以此为"啖铁"；"啖火"则实在是难以解释。

今天，我们对于鰤的认识非常有限，因古书之记载过于简略。但是，在早期的载录里，根本没有鰤的记载。狮子、大雀本是两种动物，所谓条支国出产此物种，而非有一种"狮子大雀"的动物。鰤是鸟名，乃即大鸟，取今所见物种细加比较，实乃鸵鸟无疑。

能知人心的大犬

常言道，狗是人类最忠实的朋友。这不单是现代人的说法，二千多年前的许慎亦然。《说文解字·犬部》："獒，犬如人心可使者。从犬敖声。《春秋传》曰：'公嗾夫獒。'"獒不是一般的狗，言人心可使，即能听从人的意愿而可供驱使的犬，可见獒犬特别服从人的命令。《尔雅·释畜》特别关注它的大小，云："狗四尺为獒。"以为身高四尺的狗便是獒犬。《广韵·下平·豪》说得更清楚，谓："獒，犬高四尺。"明确指出"四尺"乃其身高，等同133.3厘米，其高大可见一斑。

獒犬的本事，我们还可以在晋灵公欲以獒犬袭击赵盾一事可知。《左传·宣公二年》：

> 秋九月，晋侯饮赵盾酒，伏甲，将攻之。其右提弥明知之，趋登，曰："臣侍君宴，过三爵，非礼也。"遂扶以下。公嗾夫獒焉，明搏而杀之。盾曰："弃人用犬，虽猛何为！"斗且出。提弥明死之。

据《左传》所载，晋灵公为君不守君道，大量征税以满足奢侈生活。灵公从高台上用弹丸射人，以观其避丸之状。有一次，厨师没有将熊掌炖烂，灵公即杀掉厨师，放在筐里，命人以头顶着带离朝廷。赵盾和士季

犬图（《古今图书集成》）

看见露出了死人的手，便问及厨师被杀的原因，得知后为晋灵公的无道而感到担忧。二人欲劝谏灵公，士季以为如果二人一起去进谏而国君不听，即无以为继。遂先行劝谏，如果灵公不接受，赵盾则可继续进谏。士季往见晋灵公，灵公表示已经知错。可是，灵公并没有真的改正。赵盾再三劝谏，灵公渐感讨厌，遂派遣钼麑刺杀赵盾，事不成。秋天九月，灵公宴请赵盾，事先埋伏武士，准备杀掉赵盾。赵盾的车右提弥明发现了这个阴谋，快步走上殿堂，指出臣下陪伴君王宴饮，酒过三巡如不告退，即不合礼仪。于是，扶起赵盾走下殿堂。晋灵公派出獒犬咬噬赵盾。提弥明徒手与獒犬搏斗，打死獒犬。赵盾以为弃人用犬，虽然凶猛，但有何用。赵盾与提弥明二人与埋伏的武士边打边退。最后，提弥明战死。对于这里出现的“獒”字，杜预注：“獒，猛犬也。”杨伯峻《春秋左传注》援引《尔雅·释兽》《说文解字》之文，以为獒犬身高四尺，乃知人心而可使者。上引《说文解字》释“獒”字引《春秋传》曰“公嗾夫獒”，所谓《春秋传》者正是《左传·宣公二年》之文。这里还有一点值得注意，《左传》“公嗾夫獒焉”句，“嗾”是使犬之意，《玉篇》卷5“嗾”字条下云：“苏走、先奏二切。《左氏传》曰：公嗾夫獒焉。《方言》曰：秦晋冀陇谓使犬曰嗾。”据《玉篇》所引《方言》，知“嗾”字是秦、晋、冀、陇一带的方言，乃使犬之意；且晋灵公自是晋人，用晋方言无误。在今天我们所见的《方言》里，并没有“嗾”字的记载。今《方言》卷7“秦晋之西鄙自冀陇而西使犬曰哨”，钱绎《疏证》云：“《说文》：‘哨，不容也。才笑切。’……‘嗾，使犬声。《春秋传》曰：“公嗾夫獒。”’宣二年《左氏传》释文云：‘服本作“取”。’《正义》引服虔云：‘取，取也。獒，犬名。公乃嗾夫獒，使之噬盾也。’《公羊传疏》云：‘今呼犬谓之属。’‘哨’‘嗾’‘取’‘属’声转，字异，义并同也。”据钱绎考证，知“哨”“嗾”“取”“属”等字意义相同。简言之，獒虽凶猛，但人可使唤之，晋灵公使之以袭赵盾即其明证。因此，后来有人以獒犬协助狩猎，以其凶猛而可使也。

在生物分类法里，獒乃哺乳纲食肉目犬科犬属灰狼种的动物。獒的主要品种包括藏獒和雪獒。獒的身体高大，性情凶猛，垂耳，长毛，能助人类打猎，也可使用在看门或警戒的工作上。以藏獒为例，一只纯种成年藏獒重50至60公斤，身长约1米，肩高60厘米以上。藏獒凶狠善斗，有颇多伤人记录。在不同时代，一尺的长短也有分别。商代的一尺等于今天的16.95厘米，周代的23.1厘米，秦代的23.1厘米，汉代的21.35至23.75厘米，三国时期的24.2厘米，南朝的25.8厘米，北魏的30.9厘米，隋代的29.6厘米，唐朝的30.7厘米，宋元的31.68厘米，明清的31.1厘米，今天的一尺是30.48厘米。《尔雅》乃秦汉之间的典籍，按此推算，四尺高的獒犬大约等同88厘米。此数字虽较今之獒犬肩60厘米有异，然古人大抵不算肩高，而从头部开始以作目测，则四尺之獒与今之獒犬身高相差无几。

《尸子》云："五尺大犬为犹。"指出"犹"是五尺的大犬。颜之推《颜氏家训·书证》引作"五尺犬为犹"，王利器《颜氏家训集解》以为，清人卢文弨抱经堂校定本"五"误作"六"，当以"五"为正。郝懿行《尔雅义疏》引《颜氏家训》亦作"六"，即据误本矣。郝氏云："《尸子》曰：'五尺大犬为犹。'《颜氏家训·书证》篇引作'六尺犬为犹'，《文选·养生论》注引作'五尺大犬为豫'，并与《尔雅》异也。"郝氏所言可商。《尔雅·释畜》此文谓"狗四尺为獒"，所释乃身高四尺的獒犬，《尸子》《颜氏家训》等所援引者则为高五尺之"犹"，二者本无关系，虽同为犬，当是二种，郝说可补。清人汪继培《尸子校正》云："《颜氏家训·书证》篇、《尔雅·释兽》释文、《止观辅行传·弘决》四之四、《文选·养生论》注'犹'作'豫'，误。任本作'大犬五尺为豫'，盖以意改。”明确指出“犹”之见于《尔雅·释兽》，与《释畜》之“獒”当为二物。清人段玉裁《说文解字注》注释“獒”字云：“《释兽》曰：‘犬高四尺曰獒。’”亦有误。此文当见于《尔雅·释畜》，并非《释兽》，大抵亦段氏撰书刊落不尽之故。五尺、六尺之“犹”，今已不见，四尺之獒尤当珍惜。

如上文所言，獒有藏獒和雪獒两种。藏獒最早的文献记载，来自威尼斯共和国的商人、旅行家及探险家马可·波罗（Marco Polo, 1254—1324）的《马可·波罗行纪》(*Livres des merveilles du monde*)。在《行纪》中，记述马可·波罗从成都到达西藏时，得见西藏“有无数番犬，身大如驴，善捕野兽”(《马可·波罗行纪》第115章“重言土番州”)，此等番犬，身形高大，生性善猎，产自西藏，当即藏獒无疑。前文援引《说文解字》，指出獒犬乃“犬如人心可使者”，可知獒犬能听从人的意愿而可供驱使，故极为适合狩猎之用。今天，人类饲养狗只，特别看重狗的服从性。藏獒虽然凶猛，但如能加以驯养，当可在狩猎场上大显身手，协助主人捕捉猎物。元帝国之幅员广阔，及于今之西藏，故马可·波罗能得见藏獒。台北故宫博物院藏有元人画《贡獒图轴》，此画作收录在《故宫书画图录》第5册。细看其中的“獒”，颇像狮子，而与獒稍有不同。《汉书·西域传》载乌弋山离国有狮子，就元代而言，是古已有之，故所谓“贡獒”云云，未必可信。

宋末元初的钱选，有《西旅贡獒图》之作。《尚书·旅獒》云：“惟克商，遂通道于九夷八蛮。西旅底贡厥獒。”按孔颖达疏，“西旅”即西戎，乃西部的部落。早在先秦时期，西部少数民族便开始向中原进贡獒犬。《尚书·旅獒》旨在劝诫帝王不能因所贡獒犬而“玩物丧志”。历代有不少“贡獒图”，其目的在于歌功颂德，以见“万国来朝”的气势。可惜，钱选笔下的“獒”，明显地是狮子而非獒犬。元末明初的詹同，

元人画《贡獒图轴》(现藏台北故宫博物院)

宋钱选《西旅献獒图》(局部)

撰有《出猎图》诗，其云："苍鹰欻起若飞电，四尺神獒作人立。"（《明诗别裁集》卷1）这里指出獒犬身高四尺，可以像人类一般站立。苍鹰与神獒，大抵皆在协助猎人狩猎。

《亲藩围猎图》乃清代画作，未知作者，描绘了贵族青年在庭园内相犬的情节。就图中所见，青年在虎皮椅上看着黑色獒犬，既惊且喜，面露惬意。獒犬作为猎犬，可以捕捉虎、豹，深受贵族喜爱。此所见獒犬，与上两幅作品截然不同，不再是狮子，没有发生误会。满族人世代敬犬，不吃狗肉，对狗的了解自比其他民族更为深入。当然，前述二图之绘画者未必无识，题画者想当然而致误，也为獒犬带来了一点神秘。

獒犬生性凶猛，是否适合家中饲养，人言人殊。獒犬有好几个品种，包括英国獒犬、斗牛獒、波尔多獒犬、巴西菲勒獒犬、庇里牛斯獒

清佚名《亲藩围猎图》

犬、西班牙獒犬、那不勒斯獒犬、西藏獒犬等。其中不少品种的獒犬，都是用藏獒为父本杂交改良繁殖培育出来的。藏獒外表威猛，曾有一段时间很受爱狗人追捧，必欲饲养之。然而，藏獒体形庞大，食量惊人，一顿可以吃上数磅牛肉。生病时，服药分量因按体重计算，故其用药也是其他犬只的数倍。饲养藏獒所花的时间和金钱难以估算，不少人最后只能弃养；而遭弃养的藏獒，亦因上述原因，难寻新主，结果惨遭人道毁灭。爱之适足以害之，靡不有初，鲜克有终。对待任何宠物，持之以恒地投入和爱护实在最为关键。

五福临门

蝙蝠族群数量庞大，蝙蝠是对翼手目动物的总称。在生物分类法中，蝙蝠是哺乳纲翼手目的生物。翼手目即以手为翼的意思，这一目的动物，一共有19个科、185个属、962个品种，在哺乳动物中，是仅次于啮齿目动物的第二大目。

让我们看看传统字书如何记载蝙蝠。《尔雅·释鸟》云："蝙蝠，服翼。"指出蝙蝠又称"服翼"，这种解说似乎未餍人意。唐人欧阳询所编《艺文类聚》卷97引《孝经援神契》云："道德遗远，蝙蝠伏匿，故夜食。"指出蝙蝠白天伏匿，晚上觅食。郝懿行谓"伏匿、服翼声相近"，其言是也。可知《尔雅》谓蝙蝠又名服翼，服翼之名实因其伏匿之特性。蝙蝠是唯一真正懂得飞行的哺乳动物，古人误以为属鸟类，故置于"释鸟"之中。这自然是一种误解，但先民认知有限，自是无可厚非。

《说文解字》是东汉许慎解释单字的经学用书，书内正文都是单字编排。蝙蝠是一个语素的单纯词，"蝙"与"蝠"二字不可分离；"蝙"没有了"蝠"便不能成义，反之亦然。《说文解字·虫部》云："蝙，蝙蝠也。从虫扁声。""蝠，蝙蝠，服翼也。从虫畐声"。"蝙蝠"二字乃一语素，二字只能紧扣在一起，在字书里，我们找不到"蝙"还可以跟其他字组成的词汇。古汉语词汇以单音节为主，双音节固然有，例如联绵词便是两个音节连缀成义而不能拆开的词。"蝙蝠"二字构成的正是联

蝙蝠（《尔雅图》）

绵词。《说文》解释的都是单字，可是“蝙蝠”不能分割，分开了便没有特别的意义。因此，“蝙”和“蝠”二字只能分开解说，但在《说文》里，二字位置相连，且释义相同。

扬雄《方言》也提到了蝙蝠，其云：“蝙蝠，自关而东谓之服翼，或谓之飞鼠，或谓之老鼠，或谓之𪕬鼠。自关而西秦陇之间谓之蝙蝠。北燕谓之蟙蠌。”可见在不同的地域，蝙蝠有着相异的名字。秦汉时期，以函谷关为界，东为“关东”，西为“关西”。关东地区称蝙蝠为服翼、飞鼠、老鼠、𪕬鼠，关西地区则称之为蝙蝠，燕之北面则称之为蟙蠌。

蝙蝠可称服翼，这在上文已曾交代，此不赘言。但蝙蝠可否等同飞鼠或老鼠，实在使人费煞思量，下文再述。

不单在字书里，文学作品里也经常见到蝙蝠的描写。曹植撰有《蝙蝠赋》(见《曹植集校注》卷2)，代表了当时人对蝙蝠的认识。其文如下：

> 吁何奸气！生兹蝙蝠。形殊性诡，每变常式。行不由足，飞不假翼。明伏暗动，□□□□。尽似鼠形，谓鸟不似。二足为毛，飞而含齿。巢不哺鷇，空不乳子。不容毛群，斥逐羽族。下不蹈陆，上不冯木。

飞鼠(《三才图会》)

曹植指出，是何等的奸气，才诞下了蝙蝠。蝙蝠外表怪异，与常见的动物不太相同。蝙蝠移动的时候不用脚，飞翔的时候不用翅膀。蝙蝠是昼伏夜出的。其形状如鼠，又不像鸟，蝙蝠脚上有毫毛，能飞但嘴里有牙齿。蝙蝠巢居，但不哺食鸟雏，无鸟类之特征。蝙蝠不为兽类所容，亦尝为鸟类所驱逐。蝙蝠不在陆地上行走，也不在树木上栖息。曹植是汉末三国人，以其赋观之，当时对蝙蝠的认识已经颇为全面。蝙蝠的翼膜是和腿连在一起的，所以蝙蝠不能站立，在地面上只能爬行，曹植所言“行不由足”大抵因此而来。所谓“明伏暗动”，乃蝙蝠的生活习性，即昼伏夜出也。今天，约有百分之七十的蝙蝠捕食昆虫，而这些昆虫如飞蛾、小飞虫等，多在晚上出没，因此蝙蝠也只能在这个时候活动。

人与大自然如何取得平衡，有什么可吃什么不可吃，历来甚多争论。吃了本不该吃的东西，往往引发出不同类型的疾病。《抱朴子·仙药》云：“千岁蝙蝠，色白如雪，集则倒县，脑重故也。”“阴干末服之，令人寿四万岁”。《抱朴子》的作者是葛洪，晋代人，爱好炼丹，乃道教中人。《抱朴子》分为《内篇》与《外篇》，自言《内篇》所言乃“神仙、方药、鬼怪、变化、养生、延年、禳邪、却祸之事”，所以上文指出千岁的蝙蝠在晒干以后，舂成粉末，服用后可令人享寿四万岁。人的寿命有可能至四万岁吗？此自是夸大之词。至于蝙蝠有没有延年益寿之用，且看下文李时珍的解说。比葛洪时代稍早的崔豹，在其《古今注》卷中云：“蝙蝠，一名仙鼠，一名飞鼠。五百岁则色白。脑重集则头垂，故谓之倒折，食之神仙。”这里指出蝙蝠不同的名字，可称为“仙鼠”“飞鼠”等，五百岁的蝙蝠色白。由于蝙蝠脑重，所以只能倒挂，吃了蝙蝠可以成仙。我们今天看到的蝙蝠，大多数是褐色、灰色和黑色的。如果有白色的蝙蝠，似乎只可能是白化的蝙蝠，它只是罕见，而不可能是五百岁。葛洪的说法很可能是受到崔豹的影响。

无论是《方言》的记载，抑或是《古今注》的说法，皆言蝙蝠又称“飞鼠”，实在也是不尽正确的。飞鼠即鼯鼠，外观上或许与蝙蝠有些相似，而且看似能飞，堪比蝙蝠。其实，鼯鼠在现代生物分类法，属哺乳纲啮齿目松鼠科鼯鼠族，与蝙蝠之属翼手目全然不同。鼯鼠的飞膜可以帮助它在树与树之间快速滑行，但由于无法产生足够的升力，因此鼯鼠只能滑翔，而不能真正地飞行。《荀子·劝学》谓“鼯鼠五技而穷”，杨倞注：“能飞不能上屋，能缘不能穷木，能游不能渡谷，能穴不能掩身，能走不能先人。”荀子指出鼯鼠本领众多，却又有许多不足，杨倞注“能飞而不能上屋”，已经说明鼯鼠不能向上飞行的事实。李时珍《本草纲目》说得更为明白，以为鼯鼠“能从高赴下，不能从下上高”，其言是也。

鼯鼠的本领，还可彰显在“五灵脂”一物之上。五灵脂，中药材名，乃橙足鼯鼠和飞鼠等的干燥粪便。在采得以后，还要拣净砂石、泥土等杂质。据药理学研究测定，五灵脂含有大量树脂、尿酸及维生素A类物质，最常用于活血祛瘀。粪便也有用处，是鼯鼠本领众多的又一反映。动物粪便可以制药，除了五灵脂以外还有不少，鸡屎白、蚕砂、虫茶这些都可以顾名而思义，其他如龙涎香（抹香鲸）、望月砂（野兔）、夜明砂（蝙蝠）、白丁香（麻雀）等，文字优美，不说不知，皆出于某动物，反映了古代中医药结合大自然的智慧。

说回蝙蝠。蝙蝠不可食用，明人李时珍在《本草纲目》里尝加说明。李时珍云：

> 伏翼形似鼠，灰黑色。有薄肉翅，连合四足及尾如一。夏出冬蛰，日伏夜飞，食蚊蚋。自能生育，或云鼍虱化蝠，鼠亦化蝠，蝠又化魁蛤，恐不尽然。生乳穴者甚大。或云燕避戊己，蝠伏庚

> 申，此理之不可晓者也。若夫白色者，自有此种尔。《仙经》以为千百岁，服之令人不死者，乃方士诳言也。陶氏、苏氏从而信之，迂矣。

张刊本《本草纲目》附图

李时珍指出了蝙蝠的一些特点，并特别指出有白化蝙蝠，而非蝙蝠之有千百岁。进言之，李时珍批评陶弘景注《神农本草经》、苏恭《唐本草》等以为白蝙蝠食之可以不死，实乃迂诞之说。李时珍再援引李石《续博物志》云："唐陈子真得白蝙蝠大如鸦，服之，一夕大泄而死。又宋刘亮得白蝙蝠、白蟾蜍合仙丹，服之立死。"据《续博物志》所言，白蝙蝠实不可服用。援引此书后，李时珍以为"书此足以破惑矣。其说始载于《抱朴子》书，葛洪误世之罪，通乎天下"。因世人以为白蝙蝠可以服用，惟观乎《续博物志》所言，服食白蝙蝠或可致命。李时珍以为此说始自葛洪上引《抱朴子·仙药》所言，许多人因此说而受误导。李时珍生活在五百年前，而有此卓识，《本草纲目》不愧为中国古代本草学集大成之作。

蝙蝠在中国传统文化里还有吉祥的象征，原因在于"蝠"和"福"的谐音关系。我们都听过"五福临门"这句成语，据《尚书·洪范》，"五福：一曰寿，二曰富，三曰康宁，四曰攸好德，五曰考终命"，可

五福临门图腾

知五福所指的是长寿、富贵、康宁、好德、善终。在不少以“五福临门”为主题的年画、玉石里，我们会看到绘画的正是五只蝙蝠，蝙蝠是吉祥到来的象征。

兕与犀

儿子一直都很喜欢动物，曾经有一段时间，他最爱的是犀牛，于是一家人搜罗了不少与犀牛相关的物品，职是之故，以下让我们来谈谈犀牛。

《史记·孔子世家》载孔子与弟子厄于陈、蔡之时，绝粮。弟子有的病倒了，不能上课。在困厄之中，孔子仍然诲人不倦、弦歌不衰。可是，面对困境，孔子纵是坚毅，也不是无动于衷的。他明白到弟子已有所怨恨，遂召唤其中三人，包括子路、子贡、颜回，问了同一道的问题。孔子的问题是："《诗》云：'匪兕匪虎，率彼旷野。'吾道非邪？吾何为于此？"孔子一生希望觅得明君重用自己，但事与愿违，只能周游列国，却时遭困厄。孔子问学生，以为大家都不是兕不是虎，何以却像猛兽一般，游弋荒野，是因为自己的道理不正确吗？否则何以沦落至此？孔门教学着重启发，这里问题相同，学生的回答各异，其中颜渊以为君子不应苟合取容，要以修行己德为本任，即使不遇明君，亦属君主之弊。孔子对此深以为然，道出"使尔多财，吾为尔宰"八字，以颜渊所言为至理。

以上对话所引之《诗》，见于《小雅·何草不黄》。原文说："匪兕匪虎，率彼旷野。哀我征夫，朝夕不暇。"《毛传》："兕、虎，野兽也。"指出"兕"和"虎"是两种动物，注释简约到不得了。这里的意思是说不是“兕”不是“虎”，领着他们走在旷野。诗人悲哀其国战士，以为战士们早晚没有空暇。“虎”所指的是老虎，毫无疑问，也理所当然。可是，“兕”是什么动物呢？在我们今天认识的动物里，并没有名为“兕”者。究竟这是传说中的动物，抑或是已灭绝的物种，即古动物名称呢？

我们看看注释《诗经》的人如何解释“兕”字。陈子展《诗经直解》释为“兕牛”，程俊英《诗经译注》释为“野牛”，周振甫《诗经译注》同。解释《诗经》的学者大都以野牛释之。以下所见乃甲骨文与《说文》小篆及古文之“兕”字字形：

（甲骨文）　（小篆）　（古文）

“兕”“舄”字

在甲骨文字形里，“兕”是平面而视之兽，两脚，有尾，巨首，独角；《说文》所载古文字形与此相类，却由独角变成对角。小篆“舄”字反映笔划之规范化，并且长出了四只脚，与我们今人认识的兽类相同。再看看字书里的解释。《尔雅·释兽》：“兕似牛。”郭璞注：“一角，青色，重千斤。”[①] 可见“兕”是头一角青牛。东汉许慎《说文解字》没有“兕”字，只有“舄”字，两者音义相同。《说文·舄部》云：“舄，如野牛而青。象形。与禽、离头同。凡舄之属皆从舄。”据此，知《说文》亦以兕为青牛。在明代《西游记》里，青牛是太上老君的坐骑，小

①案：郭璞在《山海经》注谓“兕”重三千斤，与《尔雅》此注“重千斤”不同。清人郝懿行以为“三”字是衍文，当以“千斤”为是。

《西游记》第五十回“情乱性从因爱欲　神昏心动遇魔头”，绣像里在上位者乃独角兕大王（内阁文库藏明刻本《李卓吾先生批评西游记》）

说里称它为“兕大王”“独角兕大王”，其释义显与《尔雅》郭注相同。《仪礼·乡射礼》“大夫，兕中，各以其物获”，郑玄注：“兕，兽名，似牛一角。”又，《山海经·海内南经》有这样的记载，“兕在舜葬东，湘水南。其状如牛，苍黑，一角”。可见兕之状如牛，青黑色且有一角。

兕应该是一种颇为凶猛的动物，故得与虎并称。前引《何草不黄》的“匪兕匪虎”以外，《老子》第五十章：“盖闻善摄生者，陆行不遇兕、虎，入军不被甲兵。”长沙马王堆帛书《老子》甲本作“矢虎”。萧统《文选》载汉代张衡《西京赋》云：“威慑兕虎，莫之敢伉。”晋人葛洪《抱朴子·外篇·行品》：“赴白刃而忘生，格兕虎于林谷者，勇人也。”皆见“兕”与“虎”合称，且其凶猛非常，无人能挡，当为猛兽无疑。

甲骨文“犀”字

有时候，“兕”又被称为犀牛，二者是否同一种动物，讨论颇多。杨龢之《中国人对“兕”观念的转变》[①]、张之杰《中国犀牛浅探》[②]都曾论及。《山海经·南山经》云：“东五百里，曰祷过之山。其上多金、玉，其下多犀、兕。”这里的“犀”和“兕”，应该是两种动物。晋人郭璞注：“犀似水牛。猪头，痺脚，脚似象，有三蹄。大腹，黑色，三角：一在顶上，一在额上，一在鼻上。在鼻上者小而不堕，食角也。好

①杨龢之：《中国人对“兕”观念的转变》，《中国科技史学会会刊》2004年第7期，第10—18页。

②张之杰：《中国犀牛浅探》，《中国科技史学会会刊》2004年第7期，第85—90页。

唊棘，口中常洒血沫。兕亦似水牛，青色，一角，重三千斤。”郭注指出，犀牛的形状与水牛相似，头如猪，脚短似大象。所谓“三蹄”者，指的是犀牛蹄有三短趾，此与现存犀牛的特征相同。今广西钦州犀牛脚镇三面环海，一面接陆，其命名便是取诸犀蹄之状。郭注再指出，犀牛腹部肥大，呈黑色，有三角。今存犀牛多呈灰色或褐色，头部有实心的独角或双角。作三角者极为罕见，在2015年12月，非洲的野生动物公园发现一头三角犀牛，其第三只角长在双耳之间，南非野生动物医生马雷（Johan Marais）以为三角犀牛通常40至50年才出现一只。郭璞指出犀牛爱吃荆棘，就现存五种犀牛而言，较为接近苏门答腊犀牛的习性。《尔雅·释兽》也有犀的记载，其云：“犀似豕。”郭璞注：“形似水牛，猪头，大腹，庳脚。脚有三蹄，黑色。三角，一在顶上，一在额上，一在鼻上。鼻上者，即食角也。小而不椭，好食棘。亦有一角者。”同是晋人郭璞注，《尔雅》注和《山海经》注便稍有不同。《山海经》郭注谓犀牛“口中常洒血沫”，《尔雅》注则无相关记载。观乎犀牛的外形特征和生活习性，似乎都没有口流血沫。惟考之河马，其身躯会分泌出红色的黏性液体，如同汗血，郭注或误以此系之犀牛，亦未可知。可是，现在的中国并没有河马，但云南开远县在1976年曾发现六齿矮河马的化石，或许接近今印度之边境地区确有河马生存之迹。又《山海经·海内南经》云：“狌狌西北有犀牛，其状如牛而黑。”同样指出犀牛状如牛而黑色。以上是中国先民对犀牛的认识。郭璞以为“兕亦似水牛，青色，一角，重三千斤”；法籍神父雷焕章（Jean Almire Robert Lefeuvre）《兕试释》[1]、杨龢之《中国人对“兕”观念的转变》，皆以为“兕”即亚洲水牛之属，即今已灭绝的野生圣水牛，大抵可信。

①雷焕章：《兕试释》，《中国文字》1983年新第8期，第84—110页。

《山海经》所言或许语涉荒诞，未必可信，但《汉书·西域传》已明确记载西域诸国有犀牛。《汉书·西域传》云："乌弋山离国，王去长安万二千二百里。……有桃拔、师子、犀牛。"乌弋山离乃伊朗古国。此言乌弋山离国有犀牛，其地在今伊朗高原、阿富汗一带。今所见五种犀牛，白犀分布在非洲东北部和南部、黑犀分布在非洲撒哈拉沙漠地区、独角犀分布在印度布拉马普特拉河河谷与草原、小独角犀分布在东南亚之热带森林和红森林沼泽和竹林中、双角犀分布在东南亚山区坡地之原始森林中，皆不在乌弋山离所在之地，与之最为接近者当推独角犀（又名印度犀牛）所处之地。可惜的是，独角犀今在野外者不足2500头，处于濒危状态，可见保护濒危物种之迫切及其重要性。

中国大陆环境保护部门刊出一篇摘自China's Biosphere Reserves的文章《生物多样性保护警示录》："一些动物灭绝和濒危处境更令人担

野生的印度犀牛
（笔者摄于尼泊尔哲云国家公园〔Royal Chitwan National Park〕）

忧，仅中国在20世纪就有7种大型兽类相继灭绝：普氏野马于1947年野生灭绝，高鼻羚羊于1920年灭绝，新疆虎1916年灭绝，中国大独角犀1920年灭绝，中国小独角犀1922年灭绝，中国苏门犀1916年灭绝，中国白臀叶猴1882年灭绝。”大独角犀即印度犀牛，小独角犀即爪哇犀牛，苏门犀即苏门答腊犀牛。可知在20世纪初期，三种在中国本土得见的犀牛已告灭种。今天的中国，我们只可以在动物园里看见犀牛了。

兕生性凶猛，能与虎并称；犀牛是草食动物，生性温驯，二者自是有所分别。《尔雅》说犀似豕而兕似牛，便是最佳证据。郭璞将二者都说成“似牛”，其实是混为一谈，并不正确。时代愈后，有关“兕”和“犀”的记载似乎愈趋混乱。宋人丁度所编《集韵》卷5，释“兕”谓“一说雌犀也”，即“犀”为雄性犀牛，“兕”为雌性犀牛。到了明代，李时珍《本草纲目》载有“犀”和“兕”。《本草纲目·兽之二·犀》云：“犀字，篆文象形。其牸名兕，亦曰沙犀。《尔雅翼》云：兕与牸字音相近，犹羖之为牯也。大抵犀、兕是一物，古人多言兕，后人多言犀；北音多言兕，南音多言犀，为不同耳。详下文。《梵书》谓犀曰朅伽。”又，明末张自烈《正字通》卷6谓犀“有山犀、水犀、兕犀三种”，“兕犀即犀之牸者”，指出“兕”即雌性的犀牛。姚孝遂指出：“《说文》以兕、犀分列，实本同字。兕为象形，犀则为形声。旧说以独角者为兕，二角或三角者为犀；《考工记·函人》‘犀甲寿百年’，‘兕甲寿二百年’，实则今通称之曰‘犀牛’而无别。”[①]乃以“犀”“兕”为一物，然观乎二者习性，实未餍人意。至近世《中文大辞典》，权衡轻重，并存异说，收录了“兽名”和“雌犀”两种说法。

明人王圻及其儿子王思义所编《三才图会·鸟兽》云：“兕似虎而

①于省吾主编：《甲骨文字诂林》，中华书局1996年版，第1604页。

《三才图会》里的“兕”

小，不咥人。夜间独立绝顶山崖，听泉声，好静，直至禽鸟鸣时，天将晓方归其巢。”咥是咬的意思。到了明代，“兕”变得与虎相似，只是不咬人而已；还会夜间独立，有思想，至天亮方告回巢。此书是明代类书，图文互证，反映了明代人的世界观。书中所载及于想象，妙想天开，功用堪比百科全书。

“兕”已绝种，我们应该珍惜剩余下来的犀牛。犀牛，现今主要分布在非洲和东南亚。因犀角之药用和艺术价值，猎人捕猎过度，近世以来，犀牛数量急促下降。现存的犀牛有五种，分别是“白犀牛”（19682—21077）、“苏门答腊犀牛”（少于100）、“黑犀牛”（5042—

5455）、“爪哇犀牛”（58—61）和“印度犀牛”（3500）[①]。其中印度犀牛和爪哇犀牛是独角的，与另外三种双角犀牛有所不同。在中国，苏门答腊犀牛曾经广布于华南地区，尤其是在四川。1916年在中国灭绝。现存的四属五种犀牛，除了白犀牛以外，其余四科种均濒临绝种，保护犀牛，实在刻不容缓。

自2010年起，世界自然基金会南非办公室发起了“世界犀牛日”（World Rhino Day）活动，日期是每年的9月22日，其目的当然是保护现在幸存的五种犀牛。原来，不单是儿子喜欢犀牛，这天恰好也是我的结婚纪念日。

①括号内为现存犀牛的数量，其统计数据源自：https://www.savetherhino.org/rhino_info/rhino_population_figures

白犀牛（笔者摄于日本九州岛自然动物园）

女儿笔下的双角犀

能舐食铜铁及竹骨的稀有动物

李白说："清风朗月不用一钱买。"苏轼说："惟江上之清风，与山间之明月，耳得之而为声，目遇之而成色，取之无禁，用之不竭，是造物者之无尽藏也。"大自然是无价的，但要看动物，在今天，除非你真的与它为邻，否则还是要花点钱。

大熊猫是稀有动物，它曾经"濒危"，现在在国际自然保护联盟濒危物种红色名录里已改变成为"易危"，情况有所改善。香港曾经有四只大熊猫，它们都在香港海洋公园，居住环境不错。但要参观便得买门票，2018年1月1日起的成人门票是港币480元，较诸其他地区而言，在香港看大熊猫的花费最巨[①]。或许不久的将来，观赏大熊猫的门票花费，可以成为一个地方的生活水平指标了。

大熊猫是熊的一种。2009年，中国大猫熊基因组测序研究项目完成。是次测序涉及了大猫熊的21对染色体上的2万多个基因。研究结果显示，大猫熊是熊科的一个种，并且与已完成基因组测序的物种中狗的基因组最接近。古汉语词汇以单音节为主，熊猫属熊科，让我们先看看

① 北京动物园是人民币10元（约12港币），日本上野动物园是600日元（约42港币），韩国爱宝乐园是54000韩元（约400港币），台北市立动物园是60台币（约15.7港币），澳门的大熊猫馆是10澳元（约9.7港币），新加坡河川生态园是30新币（约174港币），美国圣地亚哥动物园是54美元（约422港币），英国爱丁堡动物园是19英镑（约200港币），柏林动物园是15.5欧元（约144港币）。

“熊”字：

熊（甲骨文）

熊（小篆）

许慎《说文解字·熊部》：“熊，兽似豕。山居，冬蛰。从能，炎省声。凡熊之属皆从熊。”许慎指出，“熊”是会意兼形声字。豕是小猪，在我们看来，熊和猪似乎一点也不相似。虽然二者都是哺乳动物，但熊是食肉目熊科动物，猪则是偶蹄目猪科动物，两者并不相近。今所见熊科有8种，分别是美洲黑熊、北极熊、棕熊、黑熊、马来熊、懒熊、眼镜熊、大熊猫，因此大熊猫属熊科自无可疑。上文言大熊猫的基因组测序与狗的基因组最为接近，也可以在《尔雅》里找得端倪。《尔雅·释兽》云：“熊虎丑，其子，狗；绝有力，麙。”意谓熊虎一类的动物，幼仔称之为狗；极其强壮有力者称为麙。熊的幼子称之为“狗”，不就与大熊猫基因测序谓与狗之基因组最为接近颇为相似吗？结合《尔雅》与现代基因组测序之结果，大熊猫属熊科动物，殆无可疑。

大熊猫大概在距今300万年以前已经出现，主要分布在东南黄河、长江和珠江流域，北及北京周口店，南达越南、泰国和缅甸北部等地。在《尔雅》里亦有其踪影，古人对大熊猫如何称呼，或以之为“貔貅”。《诗·大雅·韩奕》“献其貔皮”；《尔雅·释兽》：“貔，白狐。其子，豰。”郝懿行《尔雅义疏》援引众多书证，以见貔当为猛兽。据郝氏所举，貔生性凶悍，能食母猴，出于北国，似与大熊猫之本性差异颇大。在一般情况下，大熊猫性情总是十分温顺，初次见人，常用前掌蒙面，

“貔，白狐。其子，縠”（《尔雅图》）

或把头低下，不露真容。大熊猫很少主动攻击其他动物或人类，在野外偶然相遇之时，总是采用回避的方式，故与猛兽并不相同。但到了繁殖季节，雌性熊猫会发出呻吟、低诉、咆哮声；雄性熊猫则会为争夺配对的雌性互相追逐、争斗。雄性熊猫甚至会杀死幼兽。但熊猫繁殖季节很短，所以我们能够看到的应该都是它温顺的一面。因此，熊猫不可能是凶悍的貔貅。

貘，白豹（《尔雅图》）

《诗经》还有另一记载，《大雅·皇矣》言“貊其德音”，当中的“貊”也可能是大熊猫。据《康熙字典》所载，“貘”字《唐韵》《集韵》《韵会》《正韵》并莫白切，音陌。可知“貊”与“貘”相通。《尔雅·释兽》：“貘，白豹。”郭璞注：“似熊，小头庳脚，黑白驳，能舐食铜铁及竹骨。骨节强直，中实少髓，皮辟湿，或曰豹白色者别名貘。”郭璞所注与大熊猫之特征颇为相似，“似熊”自不在话下，上文已论大熊猫属熊科。“小头”，大熊猫的头似乎不小，然观其与身体相若，谓之为小亦可。“庳脚”，即矮脚，与大熊猫体态相同。“黑白驳”，即黑、白二色相间，亦与大熊猫同。舐食“竹骨”绝对可以理解，此乃大熊猫日常最多食用的植物。“舐食铜铁”却有点教人匪夷所思。如果“貘”便是今天的熊猫，那么熊猫可以吃铜铁吗？当然不能。可是在旧典里似乎可见貘能吃铜铁。题为西汉东方朔所撰之《神异经》，其云：“南方有兽焉，角足大小形状如水牛，皮毛黑如漆，食铁饮水，其粪可为兵器，其利如钢，名曰‘啮铁’。”（《太平御览》卷813）清代袁枚《新齐谐》卷6云：“房山有貘兽，好食铜铁而不伤人，凡民间犁、锄、刀、斧之类，见则涎流，食之如腐。城门上所包铁皮，尽为所啖。”东方朔的“啮铁”便是吃铁的异兽，不过它有角，与大熊猫未必相似。至于袁枚所论，貘兽真的非常喜欢吃铁。今天，大熊猫能否吃铁呢？1981年8月，四川卧龙自然保护区一只名叫莉莉的七岁大熊猫，在用膳时将盛载饲料的铁盆咬成碎块而吞下，及后在其粪便发现碎块。大抵大熊猫为了补充盐分，有时候会闯进村民家舔食铁锅里的残余盐分，人们才误以为是在吃铁。平情而论，任何动物都没有可能吃铁，熊猫也不例外。此外，郭璞还指出，貘的皮毛具有“辟湿”功效。成年大熊猫的毛发是比较硬的，大抵也具有这种“辟湿”的功能。根据以上的几种特征，赵振铎《郭璞〈尔雅注〉简论》指出“前一段描写的正是今天的大熊猫”[1]。赵说是也。准此，《尔雅》的“貘”与今天所见大熊猫最为相近。

唐宋之后，文献所载的貘，基本上只见于中国西南地区。这个情况也与今天大熊猫见于四川相同。当然，貘也只能说是与大熊猫比较接近，不可能百分百地保证必为大熊猫。有些记载近乎神话，与现代人眼

①赵振铎：《郭璞〈尔雅注〉简论》，《语文研究》1985年第1期，第14页。

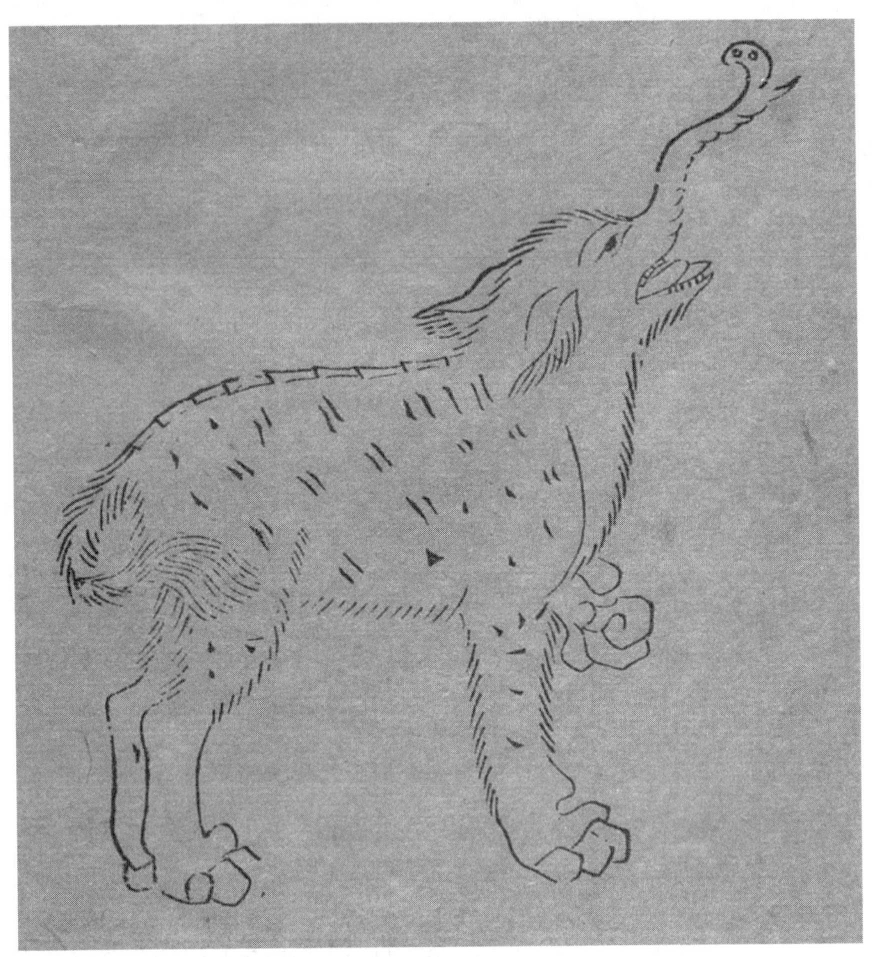

貘（《三才图会》）

里的大熊猫全然不同。宋代罗愿《尔雅翼》云：“貘，今出建宁郡，毛黑白，臆似熊而小，能食蛇，以舌舐铁，可顿进数十斤，溺能消铁为水。有误食针铁在腹者，服其溺则化。……今蜀人云峨眉山多有之。”可见时代愈后，大熊猫愈益厉害，它不单可以吃铁，食量颇大，多达数十斤；且吃其便溺，更能帮助误吃针铁的人把针铁排出体外。相较而言，食蛇只是其次。这里的描述非常符合中国古代传说愈演愈烈的发展原则。

或许有人会以为《尔雅》的“貘”，更接近我们今天习见的马来貘，其实不然。马来貘分布在低海拔的热带雨林，吃素，外形上最重要的特征是吻与象鼻。这些都与以上《尔雅》郭璞注、《神异经》《尔雅翼》等有着明显的分别。

如果大熊猫便是从前的貘，那么它何以会被称作“大熊猫”呢？时间是1869年，地点是中国四川西北部的宝兴县，法国传教士谭卫道（Armand David）发现了大熊猫，当时命名为“黑白熊”。谭卫道原想将此熊运回法国，惜大熊猫在成都已死于舟车劳顿，谭卫道遂将其毛皮制成标本，并运送至法国国家博物馆展览。经鉴定后，确定为欧洲自然历史博物学中从未记载的新物种，遂命名为Ailuropoda Melanoleuca（猫熊），可见“猫熊”本为外来词。台湾至今仍以为此称之，台北市立动物园大熊猫居住的地方，便称之为“大猫熊园”。称作“熊猫”，有说是因在民国时期展出动物标本之时，有人将从右向左书写的“猫熊”二字反方向读所致。当时，大会采用流行的国际标准由左到右书写，分别注明了拉丁文和中文，中文的写法是“猫熊”；但中国人的写字顺序还是习惯由右到左，故遂念为“熊猫”。动物学家夏元瑜有另一种看法，在他的作品《生花笔》里，指出猫熊不幸在几十年前报上初次发表新闻的时候，偶然被排颠倒了，成为熊猫。究竟哪一种才是正确呢？文献不足征，只得阙如。

“猫熊”何以变成“熊猫”？尚待查证，但其侵占了原本的猫熊，却是铁一般的事实。1821年，英国生物学家托马斯·哈德威克（Thomas Hardwicke）第一次发现小猫熊，报告的名称是《描述一类哺乳动物新种族——位于尼泊尔和雪山之间的喜马拉雅山峦处》（*Description of a new Genus of the Class Mammalia, from the Himalaya Chain of Hills*

Between Nepaul and the Snowy Mountains）。当时提出小熊猫的名称是Wha，取其象声之意。1825年，法国动物学家弗列德利克·居维叶（Frédéric Cuvier）在《哺乳动物自然历史》(*Histoire Naturelle des Mammifères*）中首次使用了学名“Ailurus fulgens”和俗名“panda”以命名小熊猫。尼泊尔语Poonya是对小熊猫的称呼，后来英语口语化成了Panda、Cat-bear或是Bear-cat，1901年首次被移用来指与之相似、同样有条纹状毛皮的大熊猫。结果，大熊猫借用了Panda，小熊猫便顺理成章地命之为lesser panda，久借不归，今天已习以为常了。

承前所言，大熊猫现在是“易危”动物，大熊猫的生存受到什么威胁呢？人为的因素自是不在话下。人类的捕猎，致使大熊猫数量减

女儿笔下在吃竹子的大熊猫

少。此外，过度砍伐森林、垦荒耕种等，严重侵占了大熊猫的栖息地。很多人认为，要不是政府花费大量资源加以保育的话，大熊猫早就绝种了。何出此言呢？成年大熊猫的发情期很短，尤其人工饲养后发情更为不易，一年里雌性大熊猫的发情期只有几天。香港海洋公园的大熊猫盈盈、乐乐自2011年起连续多年尝试交配生产，可是都以失败告终，在新闻报导里也出现不少假怀孕的消息。而且，即使怀孕生产，熊猫幼崽太弱，容易夭折，都构成了大熊猫的数量稀少。不能不提的是，大熊猫虽然是杂食性动物，具备吃肉的条件，可是它们却几乎吃素，以竹子、胡萝卜、窝窝头等作为其主要粮食。食性专一化，限制了大熊猫的生活范围。“物竞天择，适者生存”，这是严复《天演论》的译文；原文来自达尔文（Charles Darwin），其言“It is not the strongest of the species that survive, but the one most responsive to change”。显而易见，大熊猫根本适应不了世情的变化，灭亡绝种本来是毫无疑问的。应然和必然本来就没有绝对的关系，如果人类可以将大自然环境加以改造，变回适合大熊猫生存的状态，或许正好代表了人类保护大自然的终极胜利！

是猫还是狗

形声字占了汉字的百分之九十以上，它的构件包括了意符和声符。“貓”字，“豸”是它的意符，“苗”是它的声符。“貓”字的简化字是“猫”。同一样的动物，意符却变成了“犭”。

豸（甲骨文）

犭（犬）（甲骨文）

我们先看两个意符偏旁（“豸”和“犭”）在《说文解字》里的意思。《说文·豸部》：“豸，兽长脊行豸豸然，欲有所司杀形。凡豸之属皆从豸。”今天看来，从“豸”的字应该都是同一类的动物，“豸”字甲骨文作“ ”，以兽直式侧视之形表现，上像张口露齿，一竖像身、尾，左像两脚，正像长脊兽的样子。金文“ ”，上像有须之头、眼，一竖像身、尾，右像两脚。战国文字之“ ”，上像口露齿，一竖像身、尾，左像四脚。篆文“ ”最似战国文字之“ ”，显然承自其形。隶书、楷书沿之作豸，几无变易。以上诸形，都据具体的实象造字。在六书中属于象形。又，徐中舒《甲骨文字典》卷9云：

> 豸，象猛兽张口之形，与《说文》篆文略同。《说文》："豸，兽长脊行豸豸然，欲有所司杀形。"段注："《释虫》曰：'有足谓之虫，无足谓之豸。'按凡无足之虫体多长，如蛇蚓之类，正长脊义之引伸也。"今按甲骨文豸字为有足之猛兽形，而有足之猛兽如豹、貔、豺等字皆从之，是知《尔雅·释虫》及段注所说皆非其本义。

徐氏力陈《尔雅》和《说文》段玉裁注之不是，其言有理，徐说是也。另一方面，《尔雅》编者、清人段玉裁都不知甲骨文，故有此误，实乃时代使然，无可厚非。

"犭"偏旁的情况则相对简单。《说文》无"犭"，只有"犬"字。《说文·犬部》云："犬，狗之有县蹄者也。象形。孔子曰：'视犬之字如画狗也。'凡犬之属皆从犬。"《说文》指出犬是悬蹄腾扑的狗，此乃象形字，并援引孔子所言，谓看见"犬"字，就像是在画狗。甲骨文"[illegible]"像其侧面直立之形，上像头，右像躯，中像腹，左像二脚，下像尾，正像犬形，据具体的实象造字。

如果我们说"豸"的代表是貓，"犭"的代表是"狗"，相信不会有人反对。猫和狗是两种截然不同的动物。可是，隶属猫科动物的貓，字从"豸"旁自是正常不过，但简化字"猫"却隶属"犬科"，变成了"猫"。当然，以为"猫"纯粹是"貓"的简化，不过是一厢情愿罢了。"貓"和"猫"是异体字的关系。1955年，中华人民共和国文化部和中国文字改革委员会发布了规范字选字表，名为《第一批异体字整理表》（简称《一异表》）。原来有810组，淘汰异体字1055个，于1956年2月1日开始实施。"貓"和"猫"即在其中，而二者之间，"猫"字较为简单，因而选为规范字。实际上，这种选择也是证据充足，"猫"字绝非后人莽造，而是其来有自。举例而言，《玉篇·豸部》有"貓"字，《犬部》

有“猫”字；《广韵·平声·宵韵》有“猫”字。可见古代字书已有从“犭”者，甚至归乎“犬部”。准此，简化字取笔划较为简单之异体“猫”为规范字，其选择实有证据支持。如果我们说汉字主要由形声字组成，而声旁的影响势力庞大，意旁所从未必是汉字传世读音的关键。

可“豸”可“犭”的字，也不单是“貓”和“猫”。今天，香港特区政府教育局课程发展处中国语文教育组有《香港小学学习字词表》，“编订本字词表，是我们探究字词学习另一阶段的开始，期望能为香港小学语文教师、家长，以至文化教育工作者，在规范和应用的大前提下，订出配合香港语言新近发展的学习范围，作为参考”。可见此书所录字词带有规范汉字的成分。自秦始皇统一六国，命李斯罢弃六国文字与秦不合者始，汉字发展总离不开正与俗、规范与否的问题。唐代是中国传统经学统一的年代，由此而生的“正字学”正是文字规范发展的里程碑，其中颜氏一族所占地位更是至为重要。自隋代颜之推《颜氏家训》讨论文字正俗对错开始，其次子颜愍楚撰有《证俗音略》，之推长孙颜师古（之推长子思鲁之子）校定五经文字，成五经定本，并有《字样》之作。颜师古侄孙颜元孙撰有《干禄字书》，可谓颜氏正字学之集大成者。《干禄字书》之序言已说明“俗”“通”“正”三体的定义和使用范围，其中“所谓俗者，例皆浅近，唯籍帐、文案、券契、药方，非涉雅言，用亦无爽。傥能改革，善不可加”，指出俗字大多写法较简，属后起字，在民间传习已久。至于“通者，相承久远，可以施表奏、笺启、尺牍、判状，固免诋诃”，可知通字沿用已久，常见于公文。通字与俗字之别，在于前者“远”后者“近”，使用时间长短有别。及至“正者，并有凭据，可以施著述、文章、对策、碑碣，将为允当”，大抵正字来历垂之久远，或见于《说文》，或见于经籍，在雅言场合使用。这种“俗”“通”“正”的关系，在“豸”或“犭”偏旁亦有所反映：

猫（《古今图书集成》）

《干禄字书·平声》“狸貍”，“并上通下正”。

《干禄字书·平声》“犲豺”，“并上通下正”。

《干禄字书·入声》“貊狛”，“并上通下正”。

《干禄字书·入声》“狢貉”，“并上通下正”。

以上诸例，“貍”“豺”“狛”“貉”是正字，“狸”“犲”“貊”“狢”是通字。这里的字，每组的意思都相同，或从“豸”，或从“犭”。貍是善伏之兽，狸与貍同，亦即貉子，今属犬科。因此，作“狸”较为符合现代生物分类。至于“豺”与“犲”，别名“豺狗”，亦属犬科，故从“犭”者较为符合现代生物分类。诚如前文所论，由意符与声符组成的形声字，占据了汉字的绝大部分。偏旁或“豸”或“犭”，一方面代表了古人对动物认知的不足，另一方面在形声字里声旁是最为重要的关键。清人王念孙云：“字之声同声近者，经传往往假借。学者以声求义，破其假借之字而读以本字，则涣然冰释。如其假借之字而强为之解，则诘籒为病矣。”（王引之《经义述闻·自序》引王念孙语）王念孙主张“因声求义”，倘字之声音相近，意义即可相通。据此原则，意符或“豸”或“犭”亦可，因形声字以声符为重。

前文提及“豸”偏旁，诚如徐中舒所言，《尔雅》与《说文解字》于“豸”字之解释相异，此亦涉及生物分类之问题。《尔雅·释虫》谓“有足谓之虫，无足谓之豸”，《说文》则以“豸”为“兽长脊行豸豸然”。据此，我们口中的猫科类动物，《说文》以为兽类，《尔雅》以之为虫，大抵《说文》较是，《尔雅》则非，但《尔雅》何以会有如此之想法？却是发人深思。古人的动物世界观颇为特别，《大戴礼记·曾子天圆》有以下的记述：

> 毛虫之精者曰麟，羽虫之精者曰凤，介虫之精者曰龟，鳞虫之精者曰龙，倮虫之精者曰圣人。

这里将所有的动物都叫做虫，虫变成了动物的泛指，兽类为毛虫，禽类为羽虫，龟贝为介虫，鱼蛇为鳞虫，人为倮虫。以虫来划分动物当然不正确，但当《尔雅》说“豸”是无足之虫，猫科动物之首的老虎，我们也称之为“大虫”，无疑为“豸”为虫的美丽误会添上了莫名的说服力。

老虎是现存体形第一大的猫科动物，在现代生物分类里属于食肉目猫科豹属的动物。按照先贤的造字原则，应该归为“豸”部。如案上引《大戴礼记》的原则，老虎或可称“大虫”。又晋人干宝《搜神记》卷2云：

《水浒传》第二十二回“横海郡柴进留宾　景阳冈武松打虎”
（明末建阳藜光堂刘钦恩刊本《新刻全像忠义水浒志传》）

扶南王范寻养虎于山，有犯罪者，投与虎，不噬，乃宥之。故山名大虫，亦名大灵。又养鳄鱼十头，若犯罪者，投与鳄鱼，不噬，乃赦之。无罪者皆不噬。故有鳄鱼池。又尝煮水令沸，以金指环投汤中，然后以手探汤。其直者，手不烂；有罪者，入汤即焦。

这是老虎被称为“大虫”最早的记载。但为什么老虎可以称为大虫呢？这里并没有解释。其实，按照今天的生物分类，老虎也应该归为“豸”部。既然“豸”是无足之虫，而《说文》又指出虎是“山兽之君”，则老虎别称“大虫”亦是自然不过。又，老虎别称大虫，可能亦涉乎古代避讳之事。文献用字倘与帝王名讳相同则当避改。举例而言，唐高祖李渊，据陈垣《史讳举例》所载，“渊改为泉，或为深”。在唐代文献，或者尝经历唐代钞本的文献中，李渊的“渊”字皆当避改，或为“泉”，或为“深”。如汉人贾谊《鹏鸟赋》，《史记》《汉书》本传，以及《文选》俱有载录，将三书排比对读如下：

《史记》 淡乎若深渊之静

《汉书》 淡虖若深渊之靓

《文选》 淡乎若深泉之静

显而易见，在唐人钞写的《文选》之中，“渊”字避改为“泉”，便是避唐高祖李渊名讳之证。至于老虎改称大虫，很可能缘起于后赵太祖石虎的名讳。东晋陆翙《邺中记》云：“铜爵、金凤、冰井三台，皆在邺都北城西北隅，因城为基址。建安十五年，铜爵台成，曹操将诸子登楼，使各为赋，陈思王植援笔立就。金凤台初名金虎，至石氏改今名。”

此处明言“金凤台”本名“金虎台”，因石虎名讳而改。既然干宝《搜神记》时老虎已有大虫的别名，则后赵之时改以别名称虎，亦属有理。又，李渊的祖父李虎，在李渊建国以后，获追封为太祖景皇帝。《史讳举例》谓“虎改为兽，为武，为豹，或为彪”。在唐代传钞的典籍里，如果是遇上老虎，或改称为龙、熊、豹、豺皆有之；或只称为“兽”。老虎或以“大虫”之名称之，亦可能起于此。历来有关避讳的典籍对此未有讨论，可备一说。

再回到“貓”和“猫”的讨论里。“貓”和“猫”是异体字，虽然所从偏旁不同，但在形声法则里，关键实在声旁。“猫”固然不是狗，从“犭”或许反映了古人对生物分类认识的不足。惟作“猫”字便于书写，也反映了汉字发展从繁到简的趋势。作为生物分类，“貓”不仅不是“犭”，更加是“域，界，门，纲，目，科，属，种”八个层次里的“貓科”用字。人们心目中的食肉猛兽，虎、豹、狮等，其中虎为丛林之王，豹的奔跑速度最快，狮是万兽之王，其实皆在“猫科”之下，统属于“猫”字。猫虽小，可谓光荣至极矣。

问世间情是何物

金代词人元好问有名作传世，其中《摸鱼儿·雁丘词》有云：

> 恨人间、情是何物？直教生死相许。天南地北双飞客，老翅几回寒暑。欢乐趣，离别苦，是中更有痴儿女。君应有语：渺万里层云，千山暮景，只影为谁去？　横汾路，寂寞当年萧鼓，荒烟依旧平楚。招魂楚些何嗟及，山鬼自啼风雨。天也妒，未信与、莺儿燕子俱黄土。千秋万古，为留待骚人，狂歌痛饮，来访雁丘处。

词有小序，题云："乙丑岁，赴试并州，道逢捕雁者云：'今旦获一雁，杀之矣。其脱网者悲鸣不能去，竟自投于地而死。'予因买得之，葬之汾水之上，累石为识，号曰雁丘。时同行者多为赋诗，予亦有《雁丘词》，旧所作无宫商，今改定之。"乙丑岁，是金章宗泰和五年（1205），即宋宁宗开禧元年，此言元好问赴并州应试，途中遇上捕捉雁鸟的猎人，其人当时捕得二雁，杀其一，而另一只雁脱网后竟不离去，反而投地自杀而死。元好问因其悲壮，故买之而葬在汾水之上，并在所埋之处置石以为标识，号曰"雁丘"。当时赴考而得见此事者众，各人皆为之赋诗，而元好问因有《雁丘词》之作。

上阕词人问人世间爱情究竟是什么，何以二雁会以生死相待？南飞北归之路，比翼双飞，多少寒暑，依旧相爱。比翼双飞乃是快乐，而离别便是痛苦难受。此时此刻，词人以为双雁竟比人间更为痴情！明代汤显祖《牡丹亭·题词》云：“情不知所起，一往而深。生者可以死，死可以生。生而不可与死，死而不可复生者，皆非情之至也。”说的就是这个意思。伴侣骤逝，雁儿应知，此去万里，形孤影单，前路漫漫，每年飞越万山，晨风暮雪，现在形单影只，苟且而没有意义。

“舒雁，鹅”（《尔雅图》）

下阕词指出汾水乃汉武帝巡幸游乐之处，昔日巡狩，箫鼓喧天，棹歌四起，何等热闹！而今却是冷烟衰草，萧条冷落。武帝已死，招魂无用。女山神因之枉自悲啼，而死者却不会再来！双雁生死相许，上天嫉妒，殉情的大雁并不等同一般的莺儿燕子，死后化为尘土，大雁将会与世长存。后世的人，将会寻访雁儿之丘坟故地，在此狂歌纵酒，以祭奠这对爱侣。

这对雁儿的凄美爱情故事，后来更得到了金庸《神雕侠侣》的加持，在第三十二回《情是何物》杨过与小龙女的对话中，杨过说出了"问世间，情是何物"之语。自上世纪70年代以来，《神雕侠侣》最少九次拍成电视剧，还有电影、动画、漫画、粤剧、舞台剧、广播剧、计算机游戏等，雁的情深早已深入人心。

让我们来看看字书里关于"雁"的记载。《尔雅·释鸟》："舒雁，鹅。""鳧雁丑，其足蹼，其踵企。"这里指出"舒雁"乃鹅的别名，又以为鳧雁一类的鸟，足上有蹼，飞行时脚跟伸直。原来情深款款的雁，不过是我们常见的鹅。再看《说文解字》怎么说。《说文解字·隹部》："雁，鸟也。从隹从人，厂声。读若鴈。"又《鸟部》云："鴈，鵝也。从鸟、人，厂声。"据此知"雁"可读若"鴈"，而"鴈"即"鹅"也。我们经常会吃烧鹅，想起如果把情深的鹅吃了的话，实在是诚惶诚恐，罪该万死。

《庄子·山木》有一段文字更引人入胜，其曰：

> 庄子行于山中，见大木，枝叶盛茂，伐木者止其旁而不取也。问其故，曰："无所可用。"庄子曰："此木以不材得终其天年。"夫子出于山，舍于故人之家。故人喜，命竖子杀雁而烹之。竖子请曰："其一能鸣，其一不能鸣，请奚杀？"主人曰："杀不能鸣者。"

庄子与学生游山，遥见一棵大树，枝叶茂盛，却看见一群伐木工人在大树下夜宿而不伐木。庄子问伐木工人何以不伐此大树，伐木工人以为大树没用处，故不砍伐。庄子以为此树因为没有用处，反不遭砍伐，可以享有天年。庄子下山，在友人家中投宿。友人非常高兴，因而吩咐童仆杀雁待客。童仆问友人，指出二雁其一爱叫，另一不爱叫，不知当杀哪一只。友人以为爱叫的有用处，夜晚可以防贼，杀那只不爱叫的。这个故事旨在说明无用之用的道理，此不赘述。其中提及“雁”，本无足奇，王先谦《庄子集解》直接注明：“雁即鹅。”此可见竖子所杀者，与元好问深情题咏的并无二致。上引《尔雅·释鸟》之文，邢昺疏：“鹅，一名舒雁。今江东呼䳘。某氏云：‘在野，舒翼飞远者为鹅。’李巡曰：‘野曰雁，家曰鹅。’”据邢疏所引，可知所谓“舒雁”者，乃是“舒翼飞远”之意。此外，“雁”与“鹅”本无分别，只是野生的称为“雁”，豢养的则是“鹅”。李巡所言尤其值得细看。郝懿行《尔雅义疏》因曰：“盖雁即鹅矣。鹅有苍、白二色，苍者全与雁同。”指出“雁”与“鹅”本同；且“鹅”有苍色与白色两种，其中苍色的与雁完全相同。苍色原指草色，即青色、绿色之意；后来引申为青黑色、灰白色。

清人段玉裁《说文解字注》的解释也很清楚，可以参考。《说文解字注·鸟部》“鴈”字条下注云：“‘鴈’与‘雁’各字，‘䳘’与‘鴚’‘䳘’各物。许意隹部‘雁’为鸿雁，鸟部‘鴈’为鹅。‘鴚’‘鹅’为野鹅，单呼鹅、为人家所畜之鹅。今字‘雁’‘鴈’不分久矣。《礼经》单言鴈者皆鸿雁也，言舒鴈者则鹅也。《尔雅》‘舒鴈，鹅’是也。李巡云：‘野曰鴈，家曰鹅。’鹅谓之舒鴈者，家养驯不畏人，飞行舒迟也。是则当作‘舒雁’，谓雁之舒者也。雁在野，鹅为家雁也。”这段材料颇为丰富。段氏指出“鴈”与“雁”本为二字，意义不同，《说文·隹部》的“雁”是野生的鸿雁，而《鸟部》的“鴈”是人所畜养的鹅；如今二字

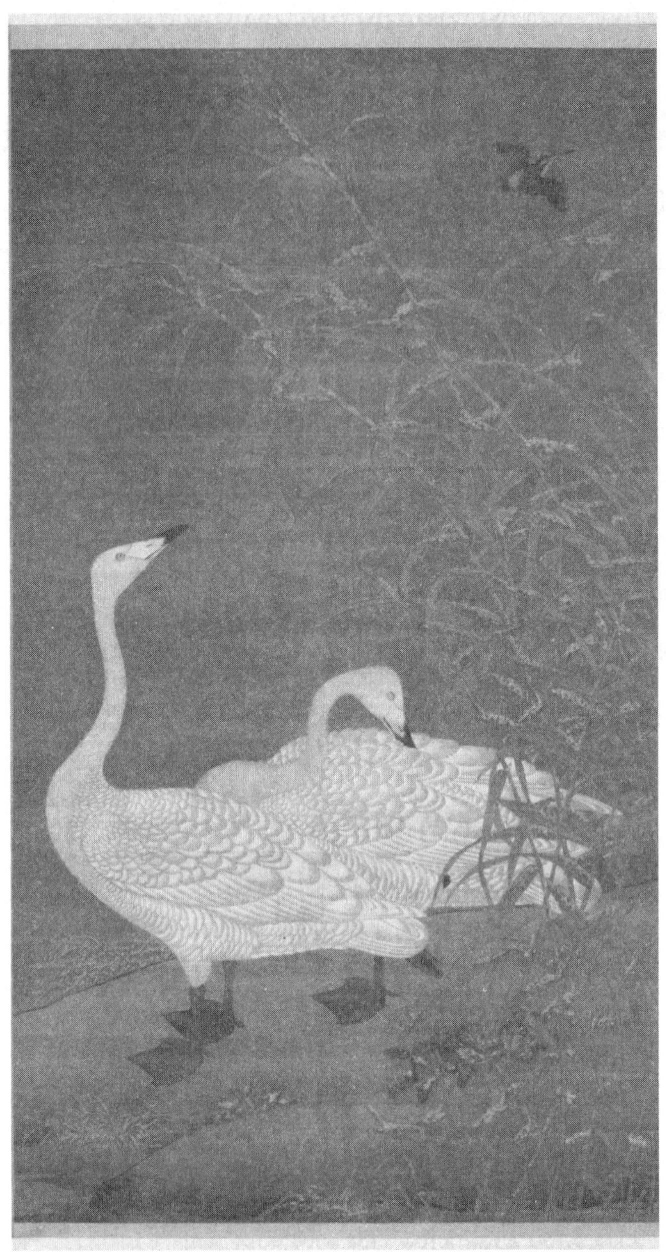

宋人画《雪芦双雁轴》（台北故宫博物院藏）

不分，音义相同。又，段氏解释“舒鴈”(鹅)的“舒”字，以为“舒鴈”因已被驯养，并不怕人，且“飞行舒迟”，并不急速，故有此名。据此而“雁”和“鹅”可以区分，段说是也。

雁与鹅的密切关系，可以在今天的生物分类法里得到印证。在鸟纲雁形目鸭科雁属以下有11种，其中灰雁、鸿雁最为重要。我们所说的欧洲鹅乃由灰雁驯化而来，而中国鹅则由鸿雁驯化而来。雁属动物与人类关系密切，这一属的鸟被人类驯化的较多，在中国人的世界里，被驯化的雁则称之为“鹅”。在野外展翅翱翔的则称之为“雁”，文人赋诗，更爱自由自在的雁。

由雁而至鹅，仿佛许多诗情画意都荡然无存，只余下对吃的追求。其实不然。在古代文学作品里，鹅亦有其重要的一页，不让雁儿专美。在唐诗里，大家必然读过骆宾王在七岁时候所作的《咏鹅》：

> 鹅！鹅！鹅！曲项向天歌。
> 白毛浮绿水，红掌拨清波。

描绘在水里畅泳的鹅儿，纯朴自然，全去雕饰，充满童趣。这里说的是大白鹅，从其“白毛”已可知。这未必是前文所说源出鸿雁的鹅，而是属于雁形目鸭科雁亚科天鹅属的天鹅。天鹅是雁形目鸭科雁亚科中最大的水禽，有七、八种。其中5种生活于北半球，均为白色，脚黑色。鹅被认为是人类驯化的第一种家禽，它来自于野生的鸿雁或灰雁。因此，天鹅是一种鸭，而鹅则是鹅，二者有所不同。

还有一个跟鹅有关的故事，见于《晋书·王羲之传》。

> 性爱鹅，会稽有孤居姥养一鹅，善鸣，求市未能得，遂携亲

> 友命驾就观。姥闻羲之将至，烹以待之，羲之叹惜弥日。又山阴有一道士，养好鹅，羲之往观焉，意甚悦，固求市之。道士云："为写《道德经》，当举群相赠耳。"羲之欣然写毕，笼鹅而归，甚以为乐。其任率如此。

这里提及王羲之生性喜爱鹅，会稽有一老妇养了一只鹅，鸣叫之声甚美，王羲之欲购之而未得，只能引领亲友动身往观之。老妇得知王羲之将临，遂杀掉该鹅并烹调以招待王羲之，王羲之为此而叹息了一天。有一次，山阴道士养了些好鹅，王羲之前往观之，非常高兴，欲购之。道士以为只要王羲之能替其抄写《道德经》，即可将鹅群馈赠。王羲之听了很高兴，便按道士要求抄写了《道德经》，并以此换得一笼子的鹅回来，洋洋自得。王羲之的任性率真如此。史书多记大人物的小事情，藉此以预示其人日后的行为。王羲之的"任率"，可以透过爱鹅之事得知一二。

雁是否有情，无人得知。人间自是有情，物在我的眼中，是雁是鹅，一切皆出我情！

不是鱼也不是猪的海豚

海豚是一种很聪明、生活在海上的哺乳类动物。“海豚”的“海”字代表了它们栖息之处。“豚”是猪，豚肉拉面便是猪肉拉面。那么，“海豚”不就变成了海洋里的猪吗？

甲骨文“豕”

“豕”是象形字，字形象是我们今天所习见的猪。《尔雅·释兽》云：“豕子，猪。”《尔雅》这里的“豕子”即是“猪”，但当中可能有些文字上的讹误。清人王念孙以为“子”字是衍文，原应作“豕，猪”，是豕即猪也。郭璞注：“今亦曰彘，江东呼为豨，皆通名。”郭注指出“豕”与“彘”相通，皆谓猪。《说文解字·豕部》：“豕，彘也。竭其尾，故谓之豕。象毛足而后有尾。读与豨同。”谓“豕”是小猪。尾巴极短，所以称它为“豕”。字形像有毛足和后尾。唐人颜师古直接指出“彘即豕”。《说文解字》亦指出“豕”与“彘”二字相通。

除了“豕”以外，豚也是猪。《说文解字·豚部》：“豚，小豕也。

“豱”（《三才图会》）

从彖省，象形。从又持肉，以给祠祀。”意指豚是小猪。字形采用省略了“口”的“彖”作偏旁，是象形字。采用“又”作偏旁，像一手持肉，以便祭祀。许慎没有看过甲骨文，今就甲骨字形观之，便知《说文》所言未必正确。《方言》卷8云：“猪，北燕朝鲜之间谓之豭，关东西或谓之豱，或谓之豕。南楚谓之狶。其子或谓之豚，或谓之貕，吴扬之间谓之猪子。”此言猪之子或称之为豚，可见“豚”是小猪。《论语·阳货》有云：

> 阳货欲见孔子，孔子不见，归孔子豚。孔子时其亡也，而往拜之。遇诸涂。谓孔子曰：“来！予与尔言。”曰：“怀其宝而迷其邦，可谓仁乎？”曰：“不可。——好从事而亟失时，可谓知乎？”

曰：“不可。——日月逝矣，岁不我与。”孔子曰：“诺；吾将仕矣。”(17.1)

阳货是季氏家臣，时执国命，欲见孔子，惟孔子不愿。阳货于是送孔子一只小猪，迫使孔子前往见面答谢。孔子不愿见阳货，故意在得悉阳货不在家时才前往拜谢。不幸，二人在路上相遇，阳货遂告诉孔子应当出仕。最后，孔子在唯唯诺诺的情况下说自己即将投入仕途。在故事里，阳货欲与孔子见面，送上的正是豚。宋人邢昺《论语注疏》亦指出豚是“豕之小者”。

豕即猪，豚为小猪，当无可疑。今天，我们到日本餐厅吃饭，餐牌上会有“豚肉饭”“豚肉生姜烧”等，毫无疑问，“豚肉”便是猪肉。在日文里豢养的猪叫作豚（ぶた），而猪（いのしし）在日文里是野猪的意思。在日本人的十二生肖里，猪也是用上代表野猪的いのしし。然则，可爱的海豚又何以跟猪扯上关系呢？晋人郭璞《江赋》有“鱼则江豚海狶”句，唐代李善注引用了几则文献，具载如下：

《南越志》曰：“江豚似猪。”《临海水土记》曰：“海狶，豕头，身长九尺。”郭璞《山海经注》曰：“今海中有海狶，体如鱼，头似猪。”

据上引《方言》《尔雅》郭璞注，可知《江赋》“狶”便是猪，故“海狶”便是海豚。在今天的生物分类里，江豚、海豚都在兽纲鲸目，前者属海豚科，后者属鼠海豚科（参《中国古代动物名称考》）。鱼不是哺乳类动物，然而郭璞以为“江豚海狶”都是鱼，这是古人对生物分类认识的不足。《临海水土记》谓海狶头如猪，身长九尺。《山海经·北山经》

清聂璜《海错图》里的海豚

郭注："今海中有虎鹿鱼及海狶，体皆如鱼而头似虎、鹿、猪，此其类也。"据此，海狶是鱼身而猪头，这大概是古人对海豚形象的具体认识。又因其身像鱼，古人遂以之为鱼类。

回到"猪"与"海豚"的问题之上。在汉语中，"豚""豕"皆指"猪"，"海豚"意即"海猪"之意，上文已明。"海豚"见载明代李时珍《本草纲目》卷44"海豚鱼"条：

> 其状大如数百觔猪，形色青黑如鲇鱼，有两乳，有雌雄，类人。数枚同行，一浮一没，谓之拜风。其骨硬，其肉肥，不中食。其膏最多，和石灰艌船良。

李时珍之叙述可见海豚作为哺乳类动物的信息。一是"有两乳"，二是"数枚同行"，三是"一浮一没"。海豚是哺乳类动物，但其乳腺并不明

江豚图（《古今图书集成》）

显，其哺乳过程在水底下进行，人类极难察觉。这里指出了其“类人”，大抵已看出海豚与人类同为哺乳类动物的特点。至于“数枚同行”，海豚是群居动物，一群海豚的数量一般可达十几头。李时珍所谓“一浮一没”，海豚身上有气孔作呼吸之用，呼出动作在水下进行，浮水后进行呼进动作，再次潜水时鼻孔紧闭，以避免海水渗入肺部。这样的出入水中，便是“一浮一没”了。

在现今中国各地的方言里，台语、闽南语称海豚为“海猪”(hái-ti)或“海猪仔”，便是古语之遗。在香港水域可见的鲸豚并不多，其中最为大家熟悉的是中华白海豚。中华白海豚分布于印度洋和太平洋的沿岸水域，在香港则出没于屯门及大屿山对出的一带水域。今天，中华白海豚面对填海、水质污染、大量捕捉造成生存范围缩窄等问题，繁忙的海上交通亦容易造成船只撞击。海豚保育学会指出，港珠澳大桥的工程已令中华白海豚数目大减。而香港国际机场第三跑道的兴建，势必进一步将中华白海豚赶尽杀绝。基建发展、保护生态同样重要，如何取得平衡至为关键；香港要保持经济竞争力，我们的下一代也不希望中华白海豚只残留在教科书上，在基建之余也要考虑海洋动物的栖息环境，方是上

中华白海豚

上之策。

海豚虽然不是猪，可是它更不是鱼，很多时候，鲸豚类动物被视为“会喷水的鱼类”。其实鲸豚类属于哺乳类动物，与人类的亲缘关系较诸鱼类更为密切[①]。或许，“海豚”被误会为“猪”，也比误为鱼类更贴近现代生物分类法里的真相。

①可参〔英〕马克·卡沃尔廷（Mark Carwardine）：《鲸与海豚》，中国友谊出版公司2005年版，第11页。

横江湖之鳣鲸

贾谊《吊屈原赋》云："彼寻常之污渎兮，岂能容夫吞舟之巨鱼？横江湖之鳣鲸兮，固将制于蝼蚁。"贾谊哀悼屈原，举世混浊，唯有屈原独清，因而见放。世之不容屈原，就好像狭小污浊的小水坑，不能容下吞舟之大鱼。屈原又像横绝江湖的大鲸鱼，身体极大极长，可还是受制于蝼蚁般的小人。屈原自沉汨罗，惨绝人寰；贾谊之悼屈子，感同身受。这里还有一种与蝼蚁形成强烈对比的动物，那便是鳣鲸了。鳣鲸是大的鲸。鲸鱼已经很大，贾谊还要用大的鲸鱼以喻屈原，然则君子之大与小人之小，实在是明显不过了。

鲸鱼不是鱼，从鱼的字不见得都是现代生物分类法里的鱼类。

蓝鲸是世界上已知最重的动物。它们的平均重量是150吨，最大重量是200吨，平均总长度是25.5公尺。今天，我们知道鲸豚类属哺乳类动物，与人类的亲缘关系比鱼类更加密切：鲸豚类是恒温动物，必须呼吸空气，鲸、海豚与鼠海豚都是胎生的。古人以为"鲸"是鱼，故字从"鱼"旁。《尔雅》没有"鲸"字；《说文解字》也没有"鲸"字，但有"鱷"字：

> 《说文解字·鱼部》："鱷，海大鱼也。从鱼畺声。《春秋传》曰：'取其鱷鲵。'鱷或从京。"

段玉裁注："海大鱼也。此海中鱼最大者，字亦作鲸。《羽猎赋》作京。京，大也。从鱼，畺声。渠京切。古音在十部。《春秋传》曰：'取其鳣鲵。'宣公十二年《左氏传》文。刘渊林注《吴都赋》、裴渊《广州记》皆云：'雄曰鲸，雌曰鲵。'是此鲵非刺鱼也。"

鲸鱼是现存世上最巨型的哺乳类动物，在二千年前的东汉时代亦然。《说文解字》作"鳣"，许慎已指出"鳣或从京"，如果偏旁从京，那便是"鲸"字了。"鳣""鲸"二字可通。清人段玉裁再次指出，"鳣"字亦作"鲸"，释义是"海中鱼最大者"。段注尚引用了不少典籍，刘逵注左思《吴都赋》，以及裴渊《广州记》俱有"雄曰鲸，雌曰鲵"的注解。翻查《文选·吴都赋》"于是乎长鲸吞航，修鲵吐浪"句，刘逵注引《异物志》云："鲸鱼，长者数十里，小者数十丈，雄曰鲸，雌曰鲵，或死于沙上，得之者皆无目，俗言其目化为明月珠。"鲸能吞舟，自然不在话下。这里说鲸大的长数十里，短的也长数十丈。而且，雄性的才叫做鲸，雌性的名为鲵。段玉裁更特意指出鲵并非刺鱼，大抵此为一般人的误解，故段氏加以澄清。大海予人神秘之感，古人对于鲸鱼的描述亦充满不可知。鱼之大者，古书中习见以"吞舟之鱼"描刻之。如下：

《庄子·杂篇·庚桑楚》："吞舟之鱼，砀而失水。"

《吕氏春秋·审分览·慎势》："吞舟之鱼，陆处则不胜蝼蚁。"

《列子·杨朱》："吞舟之鱼，不游枝流；鸿鹄高飞，不集污池。"

贾谊《吊屈原赋》："彼寻常之污渎兮，岂能容夫吞舟之巨鱼？横江湖之鳣鲸兮，固将制于蝼蚁。"

《史记·酷吏列传序》："网漏于吞舟之鱼，而吏治烝烝，不至

鲸（《三才图会》），此图显然取意自“吞舟之鱼”

于奸，黎民艾安。”

在以上的用例里，能吞下船只的巨鱼在在可见。不过，鲸鱼是否即为此“吞舟之鱼”，此等文献里没有明言。顾野王《玉篇·鱼部》云：“鲸，鱼之王。”我们今天知道，鲸鱼不是鱼，所以肯定不会是鱼之王；最大的鱼其实是鲸鲨。鲸鲨可以长达20米，虽为鱼，名有“鲸”字，实取其大之意；质言之，鲸鲨即大鲨鱼也。古人未知，以为鲸是鱼之王者，但取生活于水里最大之动物也。《汉书·扬雄传上》引扬雄《校猎赋》“骑京鱼”句，唐人颜师古注：“京，大也，或读为鲸。鲸，大鱼也。”指出“京鱼”即是鲸鱼，且为大鱼。《后汉书·班固列传》“于是发鲸鱼”句，李贤注引薛综云：“海中有大鱼名鲸。”可知各人皆以鲸为鱼类。

崔豹，晋代人，晋惠帝时官至太傅。其《古今注·鱼虫》云：

> 鲸鱼者，海鱼也。大者长千里，小者数十丈。一生数万子，常以五六月就岸边生子。至七八月，导从其子还大海中，鼓浪成雷，喷沫成雨，水族惊畏，皆逃匿莫敢当者。其雌曰鲵，大者亦长千里，眼为明月珠。

一里等于500米，一丈等于3.33米，这里说鲸鱼“大者长千里，小者数丈”，比起我们今天所能见到的蓝鲸也大了不知多少倍，自然是不可信。如果崔豹说的真是鲸鱼的话，那么“一生数万子”肯定是错的。鲸鱼乃哺乳类动物，一般而言，一胎一子，跟人类无异，且怀孕期长达十二个月。“数万子”无论是什么鱼也难以做到的，不过，鱼类（卵生）相较哺乳类（胎生）确能生产更多，以鲸鲨为例，有台湾台东地区的渔民在1996年7月捕获一条雌性鲸鲨，随后在体内发现了300条幼鲨及卵壳。300条相信也是蛮多的了，不过跟“一生数万子”还是有一定的距离。至于“五六月就岸边生子”，则似属可信。举例而言，每年的11月中旬到翌年5月中旬，座头鲸便会离开原本居住的阿拉斯加海域，游到比较温暖的水域，进行繁殖、生育、喂奶育崽。台湾宜兰、花莲的最佳赏鲸季节，也是每年的4月至10月。海水温度也随深度增加而降低，500公尺深的海水温度约为8℃，1000公尺深约为2.8℃。又如抹香鲸，其繁殖地一般在南、北纬40℃之间的热带与亚热带海域，虽然有部分交配行为在冬季中至夏季中发生，但大多数在春季。因此，鲸鱼在五、六月时游到近岸水域产子，是合乎常理的。而且，鲸鱼是哺乳类动物，育儿是正常的行为。《古今注》说鲸鱼“导从其子还大海中”，便是其照顾初生幼鲸的证据。“鼓浪成雷，喷沫成雨，水族惊畏，皆逃匿莫敢当者”，则是鲸鱼成群出没、呼吸喷气的特征。当然，不同品种的鲸豚类，其喷气形状亦有所不同。例如露脊鲸（Right Whale）的喷气是由两股分开的水蒸气柱所组成；而蓝鲸（Blue Whale）、长须鲸（Fin Whale）的喷气则融合成一道气柱；大翅鲸（Humpback Whale）的喷气则呈树丛状，非常清楚而独特，高度可达2.5至3米。如从“喷沫成雨”言之，则《古今注》作者所指或即大翅鲸。鲸可分为须鲸和齿鲸两大类，前者主要以磷虾等小型甲壳类动物为食，后者主要以乌贼、鱼类为食。须鲸体积庞大，体长至少6米；齿鲸除抹香鲸外，体积都较小。无论是哪一种，在追逐猎物的时候，总会造成“水族惊畏，皆逃匿莫敢当者”的现象。

在《古今注》里，“鲸”是雄性，“鲵”是雌性。上文所引刘逵《吴都赋》注亦持此见。《尔雅·释鱼》：“鲵，大者谓之鰕。”郭璞注：“今鲵鱼似鲇，四脚，前似猕猴，后似狗。声如小儿啼，大者长八九尺。”郭注所指应是今天的“中国大鲵”（因叫声像婴儿啼哭，故又名“娃娃鱼”），大鲵属两栖动物，并不属于鱼类。无论如何，与鲸鱼颇有差异，不可能是雌性的鲸鱼。这里古人大概是将鱼类、哺乳类、两栖类动物都混在一起了。《左传·宣十二年》“取其鲸鲵而封之”，杜预注：“鲸鲵，大鱼名。以喻不义之人吞食小国。”贾谊《吊屈原赋》的鳣鲸是有德君子，《左传》的鲸鲵却是不义之人，鲸鱼义与不义我们并不知道，都

鲩鱼图（《古今图书集成》）

是喻体而已。孔颖达《正义》解释《左传》此文，援引裴渊《广州记》云："鲸鲵，长百尺。雄曰鲸，雌曰鲵。目即明月珠也，故死即不见眼睛也。"这里所引与《古今注》相同，皆以鲸为雄性、鲵为雌性。大抵雌性的鲸可名为"鲵"，但与郭璞所言之鲵当是二物，只是二者同名为"鲵"而已。五伦之中，男女有别，古人喜欢给予雄性与雌性的动物各一名称。例如根据《尔雅·释兽》与《说文》所言，"豭"是雄猪，"豝"是雌猪。据《尔雅·释鸟》，可知雄性的鹑名为"鹖"，雌性的为"庳"。

鲸鱼还有一事与中国文化关系密切，那便是鲸鱼膏了。秦始皇一直希望可以长生不老；另一方面，自即位起立刻修建陵墓，以尽生荣死哀。秦始皇希望地宫灯火可以不灭。《史记·秦始皇本纪》云："以水银为百川江河大海，机相灌输，上具天文，下具地理。以人鱼膏为烛，度不灭者久之。"秦始皇陵"以人鱼膏为烛"，使灯火不灭。"人鱼"所指是什么呢？当然不可能是美人鱼。裴骃《史记集解》引徐广曰："人鱼似鲇，四脚。"鲇即鲶鱼，徐广以为人鱼如鲶鱼般，但有四脚，似乎并不可信。张守节《史记正义》引《广志》云："鲵鱼声如小儿啼，有四足，形如鳢，可以治牛，出伊水。"据此说，则人鱼即鲵鱼，即娃娃鱼也。张守节复引《异物志》云："人鱼似人形，长尺余。不堪食。皮利于鲛鱼，锯材木入。项上有小穿，气从中出。秦始皇冢中以人鱼膏为烛，即此鱼也。出东海中，今台州有之。"《异物志》以"人鱼"跟人、鲛鱼（鲨鱼）比较，而且更有气孔，似乎并非鲶鱼和鲵鱼。不过，徐广所言的有"四脚"还是甚有启发的。众所周知，鲸鱼在远古时代的祖先名为"步鲸"，顾名思义，鲸鱼的祖先生活在陆地，且有四足，用以在陆上行走。物竞天择，适者生存，步鲸后来离开了陆地，走进海中，四肢产生了变化，后肢慢慢萎缩，前肢变成了胸鳍，并适应了海洋的生活。《25种关键化石看生命的故事：化石猎人与35亿年的演化奇迹》，便详述了鲸鱼从陆地到海洋之发展。

还是回到鲸鱼膏的问题上。《太平御览》卷870引《三秦记》云:“始皇墓中,燃鲸鱼膏为灯。”明确指出始皇墓所用照明者为“鲸鱼膏”,说较可信。所谓“鲸鱼膏”,所指大抵即为鲸鱼脂肪。鲸鱼脂肪经过炼化后,可以提炼出鲸鱼油,装进煤油灯,不仅亮度大,而且极其节省,10斤鲸鱼脂肪炼化的鲸鱼油,足够四口之家,点上一年的油灯。因此,秦始皇墓用鲸鱼油作为照明用的燃料,也是合情合理。在19世纪60年代以前,鲸鱼业是美国经济的支柱。鲸鱼的皮、肉都有不少用途,但最有价值的肯定是鲸鱼油,是用以点燃油灯的燃料,在电力发明以前,乃夜里用以观照世界的重要工具。

鲸鱼膏所指还可能是另一东西,那便是抹香鲸的脑油(spermaceti)。所有抹香鲸类的颅内,都有一种充满蜡质的结构——抹香鲸脑油器。其功用众说纷纭,而鲸脑油正是储存于“抹香鲸脑油器”之中。一头抹香鲸的头部,可能含有1000公升以上的鲸脑油。自人类开始捕捉抹香鲸以来,鲸脑油就被视为重要商品,最初供作蜡烛,后来主要用于制造润滑油。不过,抹香鲸主要生活于深海,每次呼气便可换掉体内百分之八十五的气;而且,它们可以在一分钟下潜力320米,并可在2000米深的海底不要换气2小时。因此,抹香鲸甚少在岸边出没,也减低了它们被人类捕猎的机会。这又与上文所引《古今注》指出“常以五六月就岸边生子”有所不同。

再回到“鳣”字之上。原来《说文》里的“鳣”其实是“鲸”,并不是鳣鱼;然则我们今天所说的“鳣鱼”,“鳣”字在古代又如何表达呢?《说文解字·虫部》:“蝉,似蜥易,长一丈,水潜,吞人即浮,出日南。从虫屰声。”这个“蝉”字所指的才是鳣鱼。它长得似蜥蜴,长3米多,能潜水,吃人之时才浮出水面。日南即日南郡,乃汉灭南越国

鳄鱼（《三才图会》）

后所置，即今东南亚越南之地。在宋代雕版印刷流行以前，汉字一则数量有限，二则手抄字体有欠规范，致使一字而有许多写法。唐代正字之风渐盛，颜师古《颜氏字样》、颜元孙《干禄字书》、张参《五经文字》、唐玄度《九经字样》等先后主张正俗之分。就今所见，"鳄"字有以下异体字：

“𧊜”《说文解字·虫部》

“𧍞”《集韵·入声·铎韵》

“鰐”《康熙字典·鱼部》

“𩵽”《龙龛手鉴·鱼部》

“鱷”《正字通·鱼部》

以上都是“鳄”字的异体字。此等异体字，形符有从“虫”者，亦有从“鱼”者；声旁主要有“屰”和“咢”之分。此等字形之中，《说文》最先出，取用“虫”旁，较诸后世正字“鳄”而言，《说文》所载更为符合鳄鱼属爬行动物（爬虫类），而不是鱼类。今天，我们在众多字体里选了“鳄”字作为正字，可是“鳄”并非鱼类，故文字规范以后反而容不下意义更为正确的异体字，只能说是“鳄”字留下的遗憾。

鲸鱼是哺乳类动物而不是鱼，古人无由得知。但在古籍之中，鲸之为大，鲸能吞舟，却早为古人所认识。海洋较诸陆地而言，更为神秘，文字创造与动物分类本为二事，但从中也为我们认识世界带来无限启发。

无前足的貀

入水能游，出水能跳，不一定是两栖类动物的专利。有些哺乳类动物能够在水陆生活，只是待在水里的时间比较长，在陆地上便显得有些笨拙，海狗便是这样的动物。大海充满着无限的可能，海洋生物因此添上了一层神秘的面纱。《尔雅·释兽》云："貀，无前足。"一种无前足的动物，观乎《尔雅》这样的形容，可以肯定它并非没有前足，只是这对前足并不是人类想象中四脚动物的前足而已。郭璞注释比较详细，可加细察：

> 晋太康七年，召陵扶夷县槛得一兽，似狗，豹文，有角，两足，即此种类也。或说貀似虎而黑，无前两足。

这里郭璞指出在晋武帝太康七年（286）的时候，在召陵扶夷县捕捉得一野兽，形状似狗，身上有豹纹，头上有角，只有两只脚。郭氏以为当时所捕获的便是貀。郭氏并注或说，以为貀的形体与老虎相似，但呈黑色，没有两只前足。

郭璞除了注释《尔雅》以外，也注释《山海经》。《山海经·西山经》："玉山，是西王母所居也。……有兽焉，其状如犬而豹文，其角如牛，其名曰狡，其音如吠犬，见则其国大穰。"这里的"狡"是一种瑞

貀（《尔雅图》）

兽，乃丰年的征兆。狡的形状像狗，身体有豹纹，长着牛角，声音像吠犬。郭璞注："晋太康七年，邵陵扶夷县槛得一兽，状如豹文，有二角，无前两脚，时人谓之'狡'。疑非此。"郭璞因为同注二书，故将《山海经》的"狡"与《尔雅》的"貀"扯上关系。郭氏以为，"狡"当如《山海经》所载，是一种"如犬而豹文，其角如牛"的陆上动物，但是晋太康七年的时候有人所捕捉的动物是"无前两脚"的"貀"，而非"狡"，故郭氏以当时之人为误。

在各种不同版本的《尔雅》和《山海经》中，今天附有不少明人所绘画的插图，观乎"貀"与"狡"之二幅，其分别显而易见。在《尔雅》里，绘画之重点在于"无前两足"；在《山海经》里，因为"其状如犬"，所以"狡"之四肢清晰可见。邵晋涵《尔雅正义》指出："此盖当时槛得异兽，人以为即《山海经》之狡，郭氏以意定为貀之类也。"

狡（《山海经》明万历刊本，蒋应镐绘图）

大概郭璞以为“豽”与“狡”本非一物，晋代所见者不过是“豽”而非“狡”。

哺乳类动物都有四肢，如果“无前足”的话，似乎已经超越了我们对哺乳类的想象。唐代类书《艺文类聚·祥瑞部·驺虞》引王隐《晋书》曰：“太康六年，荆州送两足虎，时尚书郎索靖，议称半虎，博令王铃为文曰：般般白虎，观衅荆楚。孙吴不逞，金皇赫怒。”驺虞是一种“不食生物，不履生草”的义兽，乃系动物界的伯夷、叔齐，层次高得很。王隐《晋书》的“两足虎”，未知是否便是《山海关》里的“狡”。但同是晋代太康年间发现，这个时期的奇异动物实在是何其多也！不要以为两足的虎只见于道听涂说的街谈巷语，在正史里，《晋书·武帝纪》太康六年记云：“南阳郡获两足兽。”邵晋涵怀疑“南阳”就是“召陵”的讹误。然则，“两足虎”看似真有其事。众所周知，《晋书》乃唐代房玄龄等人所编撰，而在唐代以前便有“十八家晋史”传世，实际数量可能多达二十余家，但其中如沈约、郑忠、庾铣的三家晋书早已亡佚。唐太宗以为前代晋史多有缺陷，而且“制作虽多，未能尽善”（《史通·古今正史》），于是在贞观二十年（646）下诏编修《晋书》。可以说，王隐《晋书》所载，实际上是房玄龄《晋书》的蓝本。老虎皆有四足，王隐《晋书》所见荆州之兽只有两足，称为“半虎”，诡奇怪异。房玄龄等所编的《晋书》毕竟是唐代所编的正史，改称“两足兽”，乃因唐高祖李渊之祖父讳虎，故改“虎”为“兽”。无论如何，大抵这头“两足虎”是生活在陆地上的动物，两足的动物该当如何走路，我们只能继续的摸不着头脑，让它阙疑。

《尔雅》里的“豽”其实非常简单，其特征只有“无前足”三字。《说文解字·豸部》云：“豽，兽无前足。从豸出声。《汉律》：‘能捕豺豽，购百钱。’”这里清楚表明，豽是兽名，其形状是没有前两足。依照《汉律》规定，能捕捉到一只豺或貀者，官府悬赏百钱。豺是犬科豺属至今唯一幸存的动物，在中国传统典籍的记载里经常都不怀好意。按照“豺”和“貀”的字形，二者皆属豸部。《说文解字》：“豸，兽长脊，行豸豸然，欲有所司杀形。”豸是长脊兽行豸豸然，长脊宛蜒。象形字，像猛兽的侧面，高头大口，背脊甚长而曲作弓形，似乎准备着伺机扑杀的样子。徐锴《说文解字系传》以为“豸豸，背隆长皃”。大抵猛兽扑杀动物，皆先曲身拟度，然后伸脊向前直扑，此即所谓“豸豸然”也。然则貀亦是一种“背隆长皃”的动物。《集韵·入声·黠》：“貀、㕯，女滑切。兽名。《说文》无前足，《汉律》能捕豺貀购百钱。或作㕯。”以为“貀”与“㕯”二字相通。又《广韵·入声》：“㕯，兽名，似狸，苍黑，无前足，善捕鼠。”因为“貀”和“㕯”二字可以相通，我们可以借助“㕯”的特点以推敲“貀”究竟为何物。“㕯”似狸，颜色是苍黑的，同样是无前足，且善于捕鼠。我们比较清楚狸是什么，狸的体大如猫，圆头大尾。以鸟、鼠等为食，常盗食家禽。当然，我们心里会想，貀即㕯，㕯似狸，狸有四足故可捕鼠，没有前足的貀或㕯，怎么能够捕鼠呢？这自然是不可思议的。

“貀”可能是现在海狮科的一种动物。诚如前文所言，《尔雅》所言“无前足”只是强调貀的前足并不明显。如果真的没有前足的话，只有后两足，即强调其有两足可矣，何必特别指出“无前足”？因此，我们可以由《尔雅》这个简单的解说，得悉“貀”是前足退化、后足发达的动物。又，结合上文所援引各字书，可以得出貀的其他特征，包括：

一、“行豸豸然”。貀的背部可以隆起，尤其在捕猎之时。此其身体特征。

二、“似狗，豹文”。貀的身上有如豹般的花纹，其体态与狗相似。

三、“似虎而黑”“苍黑”。貀的颜色应该是黑色或青黑色的。

总而言之，在现存海狮类生物之中，大抵以海狗与上述特征最为相近。然后，让我们来看看明代李时珍在《本草纲目》里的记载。《本草纲目》卷51兽之二载有“腽肭兽”，李时珍直言此为“海狗”。《本草纲目》援引《说文》，指出此兽在《说文》里作“貀”，与“肭”相同。然后引《唐韵》曰：“腽肭，肥貌。或作骨貀，讹为骨讷，皆番言也。”可知“腽肭”是外来语汇的转译。海狗在日本虾夷土著的语言中称为“onnep”，取其谐音译为“腽肭”。腽肭二字在古汉语中即肥软之貌。皮日休《二游诗·任诗》有“猿眠但腽肭，凫食时啑唼”之句，用的就是此义。

看到《海错图》里的腽肭兽，大概跟我们看到的海狗有点相似，但不完全相同。海狗的耳殻甚小，四肢呈鳍状，但不是“无前足”。海狗在陆上走动的时候不甚灵活，后肢在水中方向朝后，上陆后则可弯向前方，用四肢缓慢行走。海狗的身体上没有鳞片，体表多毛，与《海错图》所绘的鳞片状显有不同，也是古人对海洋生物认知不足所致。

豸 獸長脊行豸豸然欲有所伺殺形凡豸之屬皆從豸
臣鍇曰豸豸背隆長皃欲有所伺殺謂其行綴也池
倚反

《说文解字系传》

膃肭兽（《海错图》）

提起海狗，今人面对的难题是如何将海狮、海豹、海狗三者区分。简言之，海豹没有耳朵，面相像猫，幼时长有白色茸毛，成年后则有斑点花纹。身体长约1.5米。海狮有突出的耳朵，全身毛发粗硬，有长而粗的鬃毛。身体约长2至3米。海狗有耳朵，毛发松软，体形比海狮小。体形长约1米。海狗不是受保护的动物，不少地方都有捕捉海豹和海狗的活动，其皮毛，以至身体各部分皆有功用，只是捕猎的方法有时过于残酷，适足我们深思。更多时候，海洋里的哺乳类动物会出现在世界各地的水族馆，如何让市民大众认识海洋生态，本是难题。但并非所有动物皆适合人类饲养，久在樊笼里，何时方得重返自然？

三脚鳖与龟

中国人喜欢成双成对，好事成双，讨厌孤身只影。万事万物似乎都以偶数为主，人有双手双腿，动物亦多有四肢，三脚动物似乎少有提及。在古代字书的世界里，却载有三脚动物。《尔雅·释鱼》云：

> 鳖三足，能。龟三足，贲。

鳖是生活在水中的爬行动物，字又作"鼈"。形状像龟，背甲上有软皮，无纹。肉可食，甲可入药。亦称甲鱼、团鱼；有的地区称鼋，俗称王八。龟是一个泛称，在生物分类法里，龟鳖目是脊索动物门爬行纲的一目，现存14科，共341种。各类龟、鳖，外形特点自必是其龟甲，这是肋骨进化成特殊的骨制和软骨护盾。龟是两栖动物，可以在陆上及水中生活，还有长时间在海中生活的海龟，以及几乎只能生活在陆地上的陆龟。在古代的奇异世界里，《尔雅》带来了称为"能"的三脚鳖，以及称为"贲"的三脚龟。

让我们先看看郭璞的注释："《山海经》曰：从山多三足鳖，大苦山多三足龟。今吴兴郡阳羡县君山上有池，池中出三足鳖，又有六眼龟。"郭璞不愧是博物学专家，这里援引了同是由他注释的《山海经》，指出了三足鳖与三足龟的产地。郭璞所引，三足鳖见于《山海经·中山

“能”与“贲”(《尔雅图》)

经·中次一十一山经》:“又东南三十五里,曰从山。其上多松柏,其下多竹。从水出于其上,潜于其下。其中多三足鳖,枝尾,食之无蛊疫。”这里指出,从山山上到处都是松树和柏树,山下到处皆竹丛。从水发源于此,潜流至山下,水中有许多三足鳖,其尾巴分叉。食其肉,人就可以预防疑心病。三足鳖的外形为三足,已是颇为特别,而且还尾巴分叉,简直是奇中之奇。一般而言,龟鳖的尾巴是没有分叉的,如有这种情况,可能是不正常的增生,或者是外部的真菌感染。三足龟则见载于《山海经·中山经·中次七经》:“又东五十七里,曰大若之山,多㻬琈之玉,多麋玉。有草焉,其状叶如榆,方茎而苍伤,其名曰牛伤,其根苍文,服者不厥,可以御兵。其阳狂水出焉,西南流注于伊水。其中多三足龟,食者无大疾,可以已肿。”大若山上有许多㻬琈玉和麋玉。山中有一种草,叶子似榆树叶,方茎还长满了尖刺,名为牛伤,其根茎上长有青色斑纹,吃了此等根茎,人就不会患上昏厥病,也能避免兵刃之灾。狂水起源于大若山的南麓,向西南注入伊水,水中有很多三足龟,人吃其肉,就不会生大病,更能消除痈肿。据《山海经》所载,三足龟的肉有保健和治病的功效,实在神奇。郭璞见多识广,不单援引《山海经》指出有三足鳖和三足龟,更补充有“六眼龟”,世事真的无奇不有。郝懿行以为郭璞“又言有六眼龟,广异闻耳”。郭璞,晋人,此注更指出吴兴郡阳羡县君山之上有水池,池中即三足鳖的产地。所言颇为具体,未必不足采信。

吴兴阳羡即今宜兴,在今江苏省内。在刘宋时,似乎出产异物颇丰。《宋书·符瑞志》云:“明帝泰始二年八月丙辰朔,四眼龟见会稽,会稽太守巴陵王休若以献。”“泰始六年九月己巳,八眼龟见吴兴故鄣,太守褚渊以献”。宋明帝泰始二年(466),会稽发现四眼龟;至泰始六年(470),吴兴则有八眼龟。四眼、八眼的龟,大抵皆因病变而生,

三足龟（《山海经》蒋应镐图本）

并在吴兴、会稽，即今之江苏一带。中唐类书《初学记》卷30“鳞介部”引《宋略》云：“吴郡献六眼龟。”裴子野《宋略》是记载刘宋历史的编年体史书。结合《宋书》所引，可见刘宋时期出现了颇多奇异的龟。其实，不仅是刘宋时期，更早的晋代，吴兴太守孔愉有一段龟之报恩的美事。《搜神记》云：

> 孔愉字敬康，会稽山阴人。元帝时，以讨华轶功封侯。愉少时，尝经行余不亭。见笼龟于路者，愉买之，放于余不溪中。龟中流，左顾者数过。及后以功封余不亭侯。铸印而龟钮左顾，三铸如初。印工以闻。愉乃悟其为龟之报，遂取佩焉。累迁尚书左仆射，赠车骑将军。

此言孔愉曾经经过余不亭，看见有人在卖龟，孔愉就将它买下并到溪中放生，龟在离开途中多次向左望。后来，孔愉封余不亭侯时，铸侯印时铸工发现印上的龟钮望左，如是者三。铸工因此向孔愉报告，遂想起救龟左望的往事，于是就接受侯印。不要以为《搜神记》所记只是道听途说，作者干宝乃是晋代史官，而这个故事后来更见于《晋书》孔愉的本传，文字与《搜神记》无大差异。龟能报恩，岂不美哉！孔愉放生的龟，在余不溪中左顾数次，龟固然可以左右顾盼，本无可疑，其目光是否集中在孔愉身上，不得而知。有些品种的龟，头部在缩入甲中的时候，颈部会向一侧弯曲，例如侧颈龟、蛇头龟都是这样。当然，今所见这些龟生活在南美洲、非洲、澳洲等，似乎不见于亚洲地区，孔愉所见左顾再三的灵龟，究竟是主观意愿投射，抑或特有品种，或是精诚所致，则不得而知矣。今所见辑本《搜神记》为20卷本，第20卷居全书之末，所载故事多与动物相关，大抵意在表明神异之事，不独人世有之，动物亦然。孔愉龟之报恩的故事，旨在说明龟能报恩，何况人类？寄意深远！

古汉语常有一字多义的情况。以“能”字为例，它可以是《尔雅·释鱼》里的“三足鳖”。《说文解字·能部》：“能，熊属。足似鹿。从肉㠯声。能兽坚中，故称贤能；而强壮，称能杰也。凡能之属皆从能。”据《说文》所言，“能”是熊类兽。其足与鹿足相似，故从比；从肉，示其肉身，㠯是声符。“能”这种野兽骨节强直，中实少髓，所以引申为贤能；而能兽强壮多力，所以又引以称杰出之才。在这里，“能”成为了类似熊的动物。“鳖”与“熊”，毫不相似，在古汉语里居然可以同用“能”字表达！鲧是大禹的父亲，《史记·夏本纪》云：“于是尧听四岳，用鲧治水。九年而水不息，功用不成。于是帝尧乃求人，更得舜。舜登用，摄行天子之政，巡狩。行视鲧之治水无状，乃殛鲧于羽山以死。”因为解决水患失败，结果虞舜处死鲧。唐人张守节《史记正义》云：“鲧之羽山，化为黄熊，入于羽渊。熊音乃来反，下三点为三足也。束晳《发蒙纪》云：‘鳖三足曰熊。’”鲧死了，转化成为“黄熊”，这“熊”能够入于羽渊（河名），肯定是入水能游的了。今天看来，熊固然也可以游泳，但与鳖相比，仍然有所不及，这个“熊”所指或许只是“能”(即“鳖”)。这算是“熊”和“鳖”的一点契合吧!

一般而言，动物皆有四肢，三足的鳖与龟，可能反映了一些在动物界以外的问题。三足，代表有所缺失。《汉书·五行志》记载了三足马:

> 哀帝建平二年，定襄牡马生驹，三足，随群饮食，太守以闻。马，国之武用，三足，不任用之象也。后侍中董贤年二十二为大司马，居上公之位，天下不宗。哀帝暴崩，成帝母王太后召弟子新都侯王莽入，收贤印绶。贤恐，自杀，莽因代之，并诛外家丁、傅。又废哀帝傅皇后，令自杀，发掘帝祖母傅太后、母丁太后陵，更以庶人葬之。辜及至尊，大臣微弱之祸也。

哀帝建平二年，定襄郡有一匹雄马生驹(《说文》谓两岁的马名“驹”)，有三条腿，跟随群马饮食，太守上报此事。《五行志》指出，马是国家用来打仗的，只有三腿是不能任用的象征。因此自然现象，用以比附人事。及后，侍中董贤年二十二岁，为大司马，居三公之位，天下信奉之。哀帝暴毙，成帝母王太后召来侄子新都侯王莽，收董贤印绶，董贤因恐惧自杀，王莽取而代之，并诛杀外戚丁、傅。又废除哀帝傅皇后，令其自杀，挖掘皇帝祖母傅太后、母丁太后的陵墓，换以平民礼埋葬。连累至尊的人，这是大臣们软弱无能所造成的祸患。天人交感，因为马少了一条腿而生出的种种后事，正是汉代人的想法。奇异的动物不会无缘无故出现，发现三足鳖与三足龟，与其说是符瑞，不如说是大臣软弱无能的象征。

三足鳖与三足龟即使曾经存在，都是过去的事情，失去了我们应该要珍惜。今天，有的动物是靠着两只脚和另一个部位（如尾巴）休息的，例如狐獴及啄木鸟。鹦鹉依靠其尾巴做“三肢运动”，有着较佳的平衡感，身体也比较安稳。袋鼠的尾巴也算是它的第三只脚，在移动的过程中，袋鼠的尾巴着地早于后脚，藉此将身体推进。雄性袋鼠甚至用尾巴打架，或者只用尾巴平衡，利用双腿踢其他袋鼠。能够利用第三肢以作平衡或动作的动物，或许正是古代三足动物之遗！

胜义纷呈的古代马世界

很多时候，我们以为世事复杂了，语言也相应地发展，用以表示纷陈的事物。事实上却不一定如是。在汉字的动物世界里，古人每每用更丰富的词汇表示年纪不一、形状大小或异的同一种动物。让我们来看看东汉许慎《说文解字·马部》里非常丰富与仔细的马匹语料库：

> 馬，马一岁也。从马一。绊其足。读若弦。一曰若环。
>
> 驹，马二岁曰驹，三岁曰駣。从马句声。
>
> 馴，马八岁也。从马从八。

“馬”指的是一岁的马匹。这个字的字形是“马”和“一”的结合，乃会意字。这里的“一”是指事符号，表示一岁的马匹步履不稳，如有障碍物绊倒其足一样。可见一岁的马匹是身体未完全发育成熟的。清人桂馥《说文解字义证》引赵宧光曰：“马一岁稍稽绊其足，未就衔勒也。”便即此意。一岁的马，两岁的马，八岁的马，我们今天只能直称其年龄，并无专有名词表达。在古代，居然还有专门名词逐一细分，不能不惊叹古人分类的细致。一般而言，马的平均寿命是二十五岁，约是人类平均寿命的三分之一。马到了五、六岁时，恒齿就会完全替代乳齿，身体也完全成熟，进入壮年时期。准此而论，《说文》所谓“馴”者，应该表示已经发展成熟的马匹。至于“驹”(二岁)、“駣”(三岁)这两种马匹，如果到了香港，便是适龄在赛马场地上驰骋。马匹一岁等于人类十二岁，二岁等于人类十八岁。香港赛马的马匹，竞赛生涯是二至十岁，巅峰时期是四至六岁，到了十一岁便要强制退役。看来《说文解字》的释义标准，对于我们了解马匹年纪还是有一点作用。

接着，再来看看《说文解字·马部》里关于马匹身高的记载：

> 骄，马高六尺为骄。从马乔声。《诗》曰：“我马唯骄。”一曰野马。
>
> 騋，马七尺为騋，八尺为龙。从马来声。《诗》曰：“騋牝骊牡。”
>
> 駥，马高八尺。从马戎声。

不同高度的马，也有不同的名称。六尺高的叫“骄”，七尺高的叫“騋”，八尺高的可以称“龙”或“駥”(“駥”字在马部之末，乃北宋徐铉所增之新附字，非许慎原本)。《尔雅·释畜》亦说“马八尺为駥”。《尔雅义疏》引徐松云：“八尺言长，马身长者必善走，故相马者以长为贵，长则必高，言长足以该高，高不足以该长。”大抵马长得高大必定善走，今天如果能得八尺之马，在赛马场上便当无往而不利。按《说文》所言，“骄”“騋”“龙”是三种高矮不同的马匹，其释“骄”又说“一曰野马”。《尔雅·释畜》“野马”之下，郭璞注：“如马而小，出塞外。”指出“野马”体形较小，《说文》所谓“马高六尺为骄”，正本于此；又谓“野马”居住在北方。野马（Przewalski’s Wild Horse），又称为蒙古野马。它们体格健壮，脖子粗大，头部大，短腿，皮毛暗褐色。原产于中亚和蒙古、西伯利亚大草原。1968年以后，蒙古野马在野外的分布情况已不清楚，基本上在野外灭绝[①]。此后，世界各国对部分人工饲养保留下来的蒙古野马加以重点保护，使该物种得以延续。至20世纪90年代，一些针对蒙古野马的野外放养计划正式启动，并很快成功实现了野外繁殖。至2005年，蒙古野马在世界自然保护联盟濒危物种红色名录中的保护状态，已经正式被提议为由野外灭绝调整为极危。及至2008年，调整为极危。到2011年，改善为濒危。蒙古野马是野外灭绝动物在动物园及保护区中繁殖最典型成功的例子，其保护状态的成功变更，成为动物保护史上具有重要意义的里程碑（参考维基百科“普氏野马”条）。

古人骑马讲究规格，社会上不同地位的人，坐骑亦异。何休《公羊解诂》说：“天子马曰龙，高七尺以上；诸侯曰马，高六尺以上；卿大夫、士曰驹，高五尺以上。”皇帝骑的是七尺高的马，名为“龙”；诸侯骑的是六尺高的“马”；卿大夫和士人骑的是五尺高的马，名为“驹”。承上所论，诸侯所骑的大概是蒙古野马，当无异议。可是，这里说天子的“龙”高七尺，前引《说文》则说“八尺为龙”，而且“駥”字的意思又是“马高八尺”，让人有些混乱，究竟谁是谁非呢?《尔雅·释畜》“马八尺为駥”句下，郭璞注：“《周礼》曰：马八尺已上为駥。”桂馥《说文解字义证》援引书证，《后汉书》李贤注引《尔雅》作“龙”；《周礼·夏官司马下·廋人》“马八尺以上为龙，七尺以上为騋，六尺以上为马”；《汉旧仪》“大宛汗血马皆高七尺”。可是《义证》虽多胪列书证，却少加判断，因而未知是非。再看段玉裁《说文解字注》，其曰：“‘龙’俗作‘駥’。”以为“駥”是“龙”的俗字。据段说，是“龙”和“駥”皆是马高八尺之谓。《说文》与《尔雅》方面算是能自圆其说，只是《公

① 〔英〕朱丽叶·克拉顿-布罗克（Juliet Clutton-Brock）主编：《哺乳动物》，中国友谊出版社2005年版，第314页。

捷克共和国布拉格动物园里的普氏野马

羊解诂》那“天子马曰龙，高七尺以上”，仍是未知所据。

今天，马匹的身高以人的手掌为量度标准，一掌相等于10厘米，它们平均身高大约是16掌，约为160厘米，体重平均1000磅，约450公斤。又因为品种跟地区的差异，成年马匹的身高会从5掌到18掌高（约50厘米至180厘米）。《说文解字》是汉代典籍，汉代一尺等同27.7厘米，现代一尺等同33.33厘米，可见汉尺与今尺不尽相同。大抵今天马匹的高度大约等同汉尺的五尺多接近六尺，即是前引《说文》“野马”与今日蒙古野马的一般高度。

不单是马的年龄和高度，《说文解字》里有关马匹毛色的词汇也十分丰富。今天，已有定义的马匹毛色有十多种，其中黑色、枣色、栗色、棕色或灰色为主要的马匹毛色。香港赛马会对马匹毛色的分类也只是栗、棕、枣、灰而已。回到汉代，《说文》里有关马匹毛色的词汇，同样使人目不暇给：

骐，马青骊，文如博棋也。从马其声。

骊，马深黑色。从马丽声。

駽，青骊马。从马肙声。《诗》曰："駜彼乘駽。"

騩，马浅黑色。从马鬼声。

騮，赤马黑毛尾也。从马留声。

騢，马赤白杂毛。从马叚声。谓色似鰕鱼也。

骓，马苍黑杂毛。从马隹声。

骆，马白色黑鬣尾也。从马各声。

骃，马阴白杂毛。黑。从马因声。《诗》曰："有骃有騢。"

骢，马青白杂毛也。从马悤声。

驈，骊马白胯也。从马矞声。《诗》曰："有驈有騜。"

駹，马面颡皆白也。从马龙声。

騧，黄马，黑喙。从马咼声。

骠，黄马发白色，一曰白髦尾也。从马㶾声。

駓，黄马白毛也。从马丕声。

驖，马赤黑色。从马戴声。《诗》曰："四驖孔阜。"

駻，马头有发赤色者。从马岸声。

馰，马白额也。从马的省声。一曰骏也。《易》曰："为的颡。"

駮，马色不纯。从马爻声。

馵，马后左足白也。从马，二其足。读若注。

驔，骊马黄脊。从马覃声。读若簟。

骥，马白州也。从马燕声。

据《说文解字·马部》，上引22字皆在状写马匹的不同毛色。骐是有青黑色纹理的马。骊是纯黑色的马。骃是青黑色的马。䮝是毛浅黑色的马。骝是黑鬃黑尾巴的红马。骃是毛色赤白相杂的马。骓是青白杂色的马。骆是黑鬃黑尾巴的白马。骃是浅黑杂白的马。骢是青白色的马。驈是股间白色的黑马。駹是青色的马。䯄是黑嘴的黄马。骠是黄毛夹杂着白点子的马。駓是毛色黄白相杂的马。䮵是赤黑色的马。騂是额红色的马。驹是额白色的马。驳是颜色不纯夹杂着别的颜色的马。异是后左脚

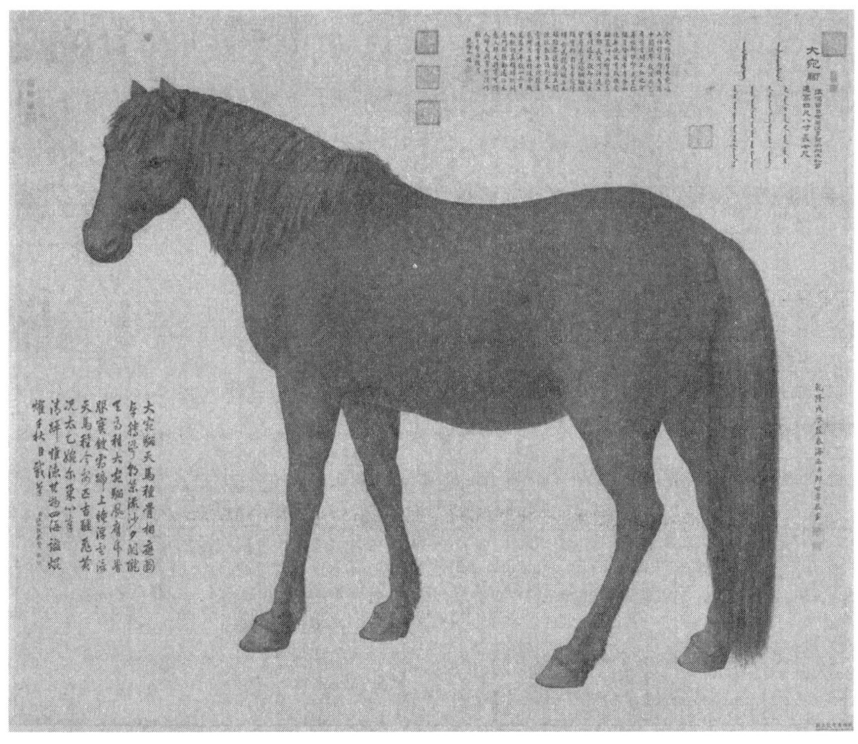

郎世宁笔下的大宛骝

白色的马。驔是黄色赤毛的黑马。驠是屁股毛色白的马。现在，我们大多只能称毛色相异的马匹为什么颜色的马，可是看见东汉人许慎已经观察入微，能够用不同的词汇状写马的颜色。《说文解字》以单字便已代表了复杂的意义，可知在东汉以前汉语词汇已经非常丰富，否则《说文》无从得以反映。

在我国古代的历史里，改朝换代、攻城野战，总与名马结下不解之缘。楚汉相争时，项羽的坐骑名为“乌骓”，此骑所向披靡，助项羽奋勇杀敌。“乌”是黑色，“骓”如上引《说文》是“马苍黑杂毛”。清人段玉裁对《说文》“骓”字的解释不太满意，他说：“黑当作白。《释兽》《毛传》皆云：苍白杂毛曰骓。苍者，青之近黑者也。白毛与苍毛相间而生，是为青马。虽深于青白杂毛之骢，未黑也。若黑毛与苍毛相间而生，则几深黑矣。”段玉裁的怀疑很有道理。“苍”已经是近乎黑色了，如果是苍和黑相间的话，那便是深黑，难以察觉。因此据《尔雅·释兽》和《毛传》的解释，“骓”应该是“苍”与“白”杂毛。项羽兵败之际，困于垓下，闻四面楚歌，因曰：“力拔山兮气盖世，时不利兮骓不逝。骓不逝兮可柰何，虞兮虞兮奈若何！”此时此刻，最让项王放心不下的大抵只有美人虞姬和名马乌骓。虞姬及后自刎而死，此不赘述；乌骓不肯离开，也是有情有义。最后，项羽且战且退，将乌骓赠予乌江亭长，曰：“吾骑此马五岁，所当无敌，尝一日行千里，不忍杀之，以赐公。”不忍杀乌骓，正见项羽与乌骓主仆情深。在中国文学作品里，我们可见三国时期张飞的坐骑也是乌骓马，隋唐时期尉迟恭的坐骑名为“抱月乌骓马”，《水浒》英雄呼延灼的坐骑名为“踏雪乌骓马”，可见乌骓一直都是战场上助主人杀敌无数的骏马。

此外，《三国演义》里刘备的“的卢”、关羽的“赤兔”，皆是乱世中的名马。再者，唐太宗李世民的六匹骏马，也是古代战马的表表者。

六骏是李世民在唐朝建立前先后骑过的战马，分别名为拳毛騧、什伐赤、白蹄乌、特勒骠、青骓、飒露紫。为纪念这六匹战马，李世民令工艺家阎立德和画家阎立本（阎立德之弟），用浮雕描绘六匹战马列置于陵前，谓之“昭陵六骏”。唐太宗之攻城野战，陪伴左右的六骏实在功不可没。可是，六骏并不能一直保护着唐太宗。六骏中的飒露紫、拳毛騧于1918年被盗，运至美国，后为实业家埃尔德里奇·R·约翰逊（1867—1945，Eldridge R. Johnson）购得，并捐献给宾夕法尼亚大学博物馆，收藏至今。剩下四块原本亦难逃厄运，已经打碎装箱，却在盗运时被截获，现藏西安碑林博物馆。罗振玉《石交录》卷4尝载袁克文（袁世凯之子）命令文物商人将昭陵六骏运往洹上村，惟因石体重大不便，先将飒露紫、拳毛騧二石剖而运之，即今在美国者是也。至于其余四骏，如非截获，大抵亦难逃被盗偷运之命运。唐太宗撰有《六马图赞》（《全唐文》卷10），分别指出六匹马之战功，以及其赞语：

拳毛騧：黄马黑喙，平刘黑闼时乘。前中六箭，背二箭。赞曰：月精按辔，天驷横行。弧矢载戢，氛埃廓清。（其一）

拳毛騧是黄马有黑的嘴，李世民在平定刘黑闼时所骑。拳毛騧的前面中了六箭，背后中了两箭，合共中了八箭。“拳毛”乃突厥文“Khowar”之对译，为西突厥一小国地名，在今新疆塔什库尔干以西和巴基斯坦最北部之间，故拳毛騧大抵与此地关系密切。

什伐赤：纯赤色，平世充、建德时乘。前中四箭，背中一箭。赞曰：瀍涧未静，斧钺伸威。朱汗骋足，青旌凯归。（其二）

什伐赤乃纯赤色之马，在平定王世充、窦建德时所骑。什伐赤的前面中了四箭，背后中了一箭，合共中了五箭。“什伐”乃突厥文“Shad”之对译，是突厥军事将领的高级官号。此处唐太宗乃用突厥官号命名其坐骑。

白蹄乌：纯黑色，四蹄俱白，平薛仁杲时所乘。赞曰：倚天长剑，追风骏足。耸辔平陇，回鞍定蜀。(其三)

白蹄乌乃纯黑色之马，四蹄皆为白色，在平定薛仁杲时所骑。葛承雍《试破唐“昭陵六骏”来源之谜》以为“白蹄”之语意来自突厥文“bo-ta”，义为幼马或幼骆驼，是“少汗”之意。然而，观乎唐太宗已指出“四蹄俱白”云云，则“白蹄乌”之命名实已明了，无用语音对译为说。

特勒骠：黄白色，喙微黑色，平宋金刚时所乘。赞曰：应策腾空，承声半汉。入险摧敌，乘危济难。(其四)

特勒骠乃黄白色之马，嘴为微黑色，在平定宋金刚时所乘。

飒露紫：紫鷰骝，平东都时所乘。前中一箭。赞曰：紫超跃，骨腾神骏。气詟山川，威凌八阵。(其五)

飒露紫乃紫燕色之马，在平定王世充时所乘。飒露紫的前面中了一箭。

青骓：苍白杂色，平窦建德时所乘。前中五箭。赞曰：足轻电影，神发天机。策兹飞练，定我戎衣。(其六)

青骓乃苍白杂色之马，在平定窦建德时所乘。青骓的前面中了五箭。

总之，这就是唐太宗李世民在征伐天下时曾经骑过的六匹马。有关唐太宗的文学成就，众说纷纭，王世贞《艺苑卮言》以其不少作品“远逊汉武，近输曹操”；都穆《南濠诗话》以为唐太宗诗“雄伟不群，规模宏远，真可谓帝王之作，非儒生骚人之所能及”。这里重点不在探讨唐太宗之文学成就，但就《六马图赞》所见，形容马匹形态之词汇还是极为丰富的。

《说文解字·马部》所以有如此多姿之词汇，与人民生活跟马匹关系密切绝不可分。古有相马之术，《吕氏春秋·恃君览·观表》提及马匹外观之相异，韩婴《韩诗外传》卷7：“使骥不得伯乐，安得千里之足。”唐代韩愈《杂说》其四：“世有伯乐，然后有千里马。千里马常有，而伯乐不常有。”伯乐能够看得出千里马，自是深于相马者也。因此，古籍中又有《伯乐相马经》这样的著作。《新唐书·艺文志》载有《伯乐相马经》一卷；唐张鷟《朝野佥载》、明张鼎思《琅琊代醉编·伯乐子》、杨慎《艺林伐山》皆以之为然。近世地不爱宝，出土文献甚夥，

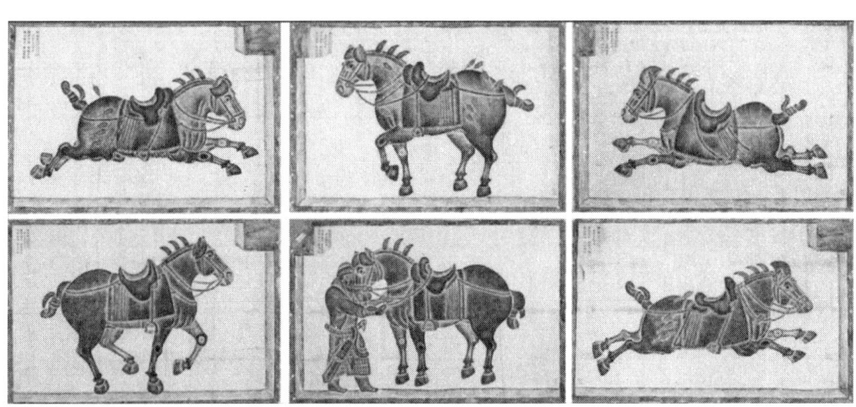

昭陵六骏

其中1973年湖南马王堆汉墓帛书便有出土《相马经》，虽然未必就是《伯乐相马经》，然其中侧重于从头部相马，行文近似赋体，极具文学价值，代表了古代马匹词汇的高峰。

今天，我们身边仍然有马，形容它的词汇却不如古代丰富。《说文解字》不单是小学字书，我们更可藉此窥探古代人民的生活。

穴居之兽

我们称自己的住处为“家”。看“家”的构件，甲骨文从“宀”从“豕”，或从“豭”，“豭”是声符，像公猪之形，意会家居之中圈养牲畜。“宀”甲骨文像房屋，“︿”是屋顶，两竖像墙。“宀”与后世字的对应，主要有三说：一、马叙伦认为“宀”是“穴”的初文，盖古人最初穴居，后营宫室。二、于省吾认为是“宅”的初文。三、蔡哲茂、徐中舒认为是“庐”的初文。无论如何，“家”字“宀”下所藏乃系一头猪。如果“家”是圈养猪的地方，那么家中成员懒惰成性，也就当之无愧成为懒猪了。

甲骨文
J17442

金文
B11194

上面是甲骨和金文里的“穴”字。不管“宀”是不是“穴”的初文，如果“宀”下的不再是猪，而是虫，这个便是“鼠”字。《说文解字·鼠部》：“鼠，穴虫之总名也。象形。凡鼠之属皆从鼠。”当然，这里的“虫”并不是我们今天所说的“虫”。“虫”是中国古代对动物的总称。因此，《说文》说的“穴虫”，便是居住在洞穴里的动物。《尔雅·释兽》的记载，有“鼠属”十二种，其文如下：

> 鼢鼠，郭注：“地中行者。”

据郭璞注，鼢鼠是在地中行走的。《说文·鼠部》云：“鼢，地行鼠，伯劳所作也。一曰偃鼠。从鼠分声。”《广雅》云：“鼹鼠，鼢鼠。”是二者相同也。《本草纲目》引《别录》云：“鼹鼠在土中行。”陶注：“此即鼢鼠也，一名隐鼠，一名鼢鼠。形如鼠，大而无尾，黑色，尖鼻，甚强，常穿地中行。”这里指出了更多鼢鼠的特点，包括在土中行，以及其他在外形上的特色。清人郝懿行所言更为具体，其云：“此鼠今呼地老鼠，产自田间，体肥而扁，尾仅寸许，潜行地中，起土如耕。”指出鼢鼠出自农田之中，体形肥胖而扁，短尾，能潜行地中，并将泥土挖起。今天，鼢鼠乃啮齿目仓鼠科鼢鼠亚科的通称，其体形像普通老鼠，头大而扁，视觉极不发达；背毛银灰色而略带淡赭色；体形粗壮，体长15至27厘米；吻钝，门齿粗大；四肢短粗有力，前足爪特别发达，大于相应的指长，尤以第三趾最长，是挖掘洞道的有力工具；眼小，几乎隐于毛内，视觉差，有瞎鼠之称；耳壳仅绕耳孔很小皮褶；尾短，略长于后足，被稀疏毛或裸露；毛色从灰色、灰褐色到红色。基本上与郝懿行所言相同。

> 鼸鼠，郭注：“以颊里藏食。”

鼸鼠可以将食物藏在两颊之中。由于这个特点，《广雅·释兽》更将字写作“鼸”。《大戴礼记·夏小正》“正月”之下：“田鼠出。田鼠者，嗛

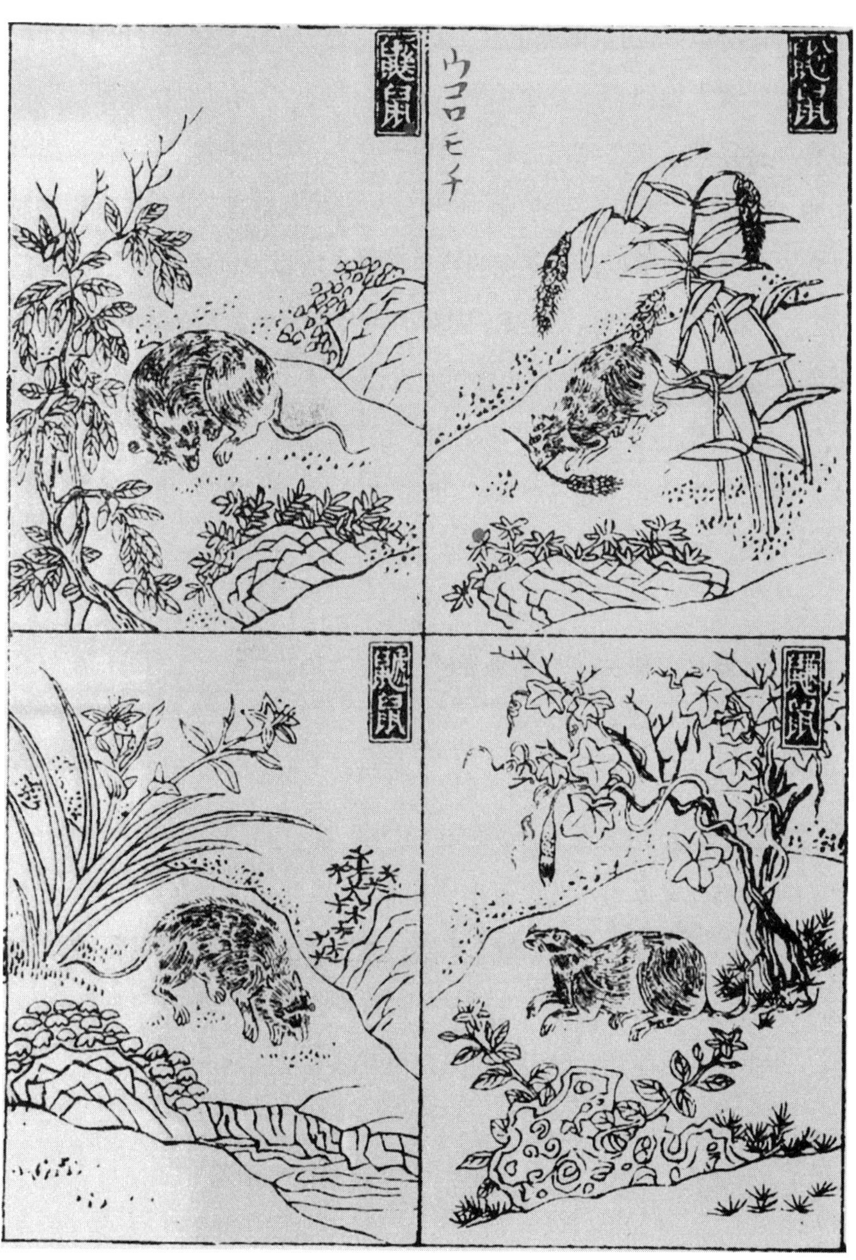

鼷鼠、鼢鼠、鼶鼠、鼸鼠（《尔雅图》）

鼠也，记时也。”田鼠即嗛鼠（“嗛”与“鼸”同），在正月出来之时，大抵意味着大地回春、万物重生。郝懿行指出，“鼸鼠即今香鼠，颊中藏食如猕猴然，灰色短尾而香，人亦畜之”。郝氏所言“香鼠”，指涉未明。今所言“香鼠”即香鼬，与田鼠一类并不相同。香鼬是鼬科鼬属动物，其面颊似乎也没有藏食的特点。郝氏所言香鼠或即今之花栗鼠。《说文·鼠部》有“鼬，如鼠，赤黄而大，食鼠者。从鼠由声”，所指的鼬与今之所谓“香鼬”较为接近。又，《说文·鼠部》录有“鼸”“黔”二字，“鼸，黔也。从鼠兼声”。“黔，鼠属。从鼠今声。读若含。”《说文》的记载最清楚不过了，“鼸”即是“黔”，而“黔”读若“含”（即“鼩”），是“鼸”“黔”“鼩”三者本为一物。

鼷鼠，郭注：“有螫毒者。”

接下来的是鼷鼠，郭璞给它的注释非常简洁，就是给咬而有毒。《左传》的《定公十五年》《哀公元年》《成公七年》皆有鼷鼠食郊牛之事，孔颖达引《尔雅注》以为“色黑而小，有毒”，以及孙炎“有螫毒者”之解说。鼠之小，能食牛之大，似非事实；然而道出有毒即可释疑。鼷鼠又称小家鼠，能传染多种疾病，更是传播鼠疫之媒介。因此，以其可食郊牛，并非指其真能鲸吞巨大之牛只，而系啮噬使其毒发身亡。

鼶鼠，郭注：“《夏小正》曰：‘鼶鼬则穴。’”

鼶鼠之为何物？资料甚少，未易明也。字书之解说并不清晰。《说文·鼠部》云：“鼶，鼠也。”《玉篇》以为鼠名。《淮南子·时则训》“田鼠化为鴽”句，高诱注：“田鼠，鼢鼶鼠也。”“鼶”即“鼶”，二者音义无别。郝懿行指出“鼶盖田鼠之大者”，今直指鼶为大田鼠矣。

鼬鼠，郭注：“今鼬似鼦，赤黄色，大尾，啖鼠，江东呼为鼪。音牲。”

有关鼬鼠之描述算是清晰。郭璞指出，鼬鼠似鼦（即“貂”），毛色赤黄，有大尾巴，吃鼠；江东方言称鼬鼠为鼪。鼬鼠即今所谓黄鼠狼。说到黄鼠狼，它给人的负面印象颇多。“黄鼠狼给鸡拜年”是一个歇后语，据说黄鼠狼喜欢吃鸡，故比喻人不怀好意，别有居心。其实，黄鼠狼主要吃的是啮齿动物、鱼、蛙和鸟卵等，鸡并不是它特别喜欢的美食。李时珍《本草纲目》卷51下《兽部》指出，鼬鼠即是黄鼠狼，其曰：“按《广雅》鼠狼即鼬也。江东呼为鼪，其色黄赤如柚，故名。此物健于捕鼠及禽畜，又能制蛇虺。《庄子》所谓骐骥捕鼠，不如狸鼪者，即此。”由于李时珍《本草纲目》的重要性，黄鼠狼之名不胫而走，流传至今。

鼩鼠，郭注：“小鼱鼩也，亦名䶄鼩。”

接下来是鼩鼠。《说文·鼠部》：“鼩，精鼩鼠也。从鼠句声。”大抵鼩鼠体小，尾短，形似小鼠。《清稗类钞·饮食·青海人食鼩鼠》：“青海有鼩鼠，窟处土中，黄灰色，较家鼠身肥短，尾不及寸。”在今天的生物分类法里，有哺乳纲鼩鼱目鼩鼱科的一类。此科生物的特点，便是体形细小，外貌有点像长鼻鼠。鼩鼱的脚有五只有爪的脚趾。鼩鼱今天主要见于南美洲哥伦比亚一带，与《尔雅》《说文》年代所见有所不同。

鼭鼠，郭注：“未详。”

鼭鼠是郭璞亦不知道的鼠，不单郭璞不知其为何物，清人郝懿行也不知道。这里要说的虽然是字书里面的动物世界，《尔雅》载录的字不会是无的放矢，肯定是必有所指，并见诸经典。然而考之《十三经》之中，并未见“鼭”字。《释文》云：“鼭音时。”所谓“音时”者，可知纪岁时鼠为十二属首，即跟“时”之概念相关。十二生肖见于王充《论衡·物势篇》、蔡邕《月令问答》等，其中《月令问答》自是针对《礼记·月令》而作，当时《礼记》虽非经书，只称传记，然与经书关系密切，自无可疑。然则“鼭鼠”或指十二生肖里的鼠属，亦未可知。

> 鼣鼠，郭注：“《山海经》说兽云‘状如鼣鼠’，然形则未详。”

鼣鼠是一种叫声像狗的鼠。此处郭璞注援引《山海经》“状如鼣鼠”之文，并指出鼣之形状未详。郭璞乃晋代博物学大家，其注《尔雅》《方言》《山海经》等，已足见其于博物学之认识。考诸《山海经·中山经》“倚帝之山，其上多玉，其下多金。有兽焉，其状如鼣鼠”句，郭璞注：“《尔雅》说鼠有十三种，中有此鼠，形所未详也。音狗吠之‘吠’。”这种鼣鼠居然可以有像狗一样的吠声，实在是神奇不已。既言“形所未详”，大抵无人知晓，则鼣鼠本为何物，实无从得知。

> 鼫鼠，郭注：“形大如鼠，头似兔，尾有毛，青黄色，好在田中食粟豆。关西呼为鼩鼠，见《广雅》。音瞿。”

鼫鼠在郭璞注中有比较具体的解说。郭氏指出鼫鼠体形大小如鼠，头与兔相似，尾巴有毛。鼫鼠是青黄色的，喜欢在田里吃粟和豆。《广雅》谓其在关西称之为鼩鼠。《说文·鼠部》对“鼫”也有详细解释：“鼫，五技鼠也。能飞，不能过屋；能缘，不能穷木；能游，不能渡谷；能穴，不能掩身；能走，不能先人。从鼠石声。”鼫鼠身怀五技，能飞、能缘、能游、能穴、能走，这里没有突出它的坏处，只从其才华着眼。不要忘记五技的局限，《荀子·劝学》云：“梧鼠五技而穷。”梧鼠即鼫鼠，虽有五技，却是能飞不能上屋，能缘不能穷木，能游不能渡谷，能穴不能掩身，能走不能先人。《说文》之言“五技鼠”，正是本诸《荀子·劝学》所言，此可见《说文》本取旧籍释义之根本。鼯鼠今属哺乳纲啮齿目松鼠科鼯鼠族，主要分布在亚洲、欧洲和美洲的热带与温带雨林中。由于其药用价值，致使鼯鼠近年来数量急剧下降。部分鼯鼠于中国内地为省级野生保护动物，不得恶意捕捉，借以维持鼯鼠的数量。

鼨鼠、鼤鼠，郭注：“皆未详。”

再来便是鼨鼠。《玉篇·鼠部》云：“鼨，班尾鼠。”所指为尾巴有斑纹的鼠。《广韵》云：“鼨，班鼠。”指的是有斑纹的鼠，没有特指尾巴。《说文·鼠部》：“鼤，豹文鼠也。从鼠冬声。”倘如《说文》所言，则《尔雅》此“鼤鼠”便与下文“豹文鼮鼠”无别，似未必是。今所见金花鼠（chipmunk）是身体有斑纹的鼠；又有一种名为斑鼠（cloud rat）的，身体上的毛发黑白相间。至于尾巴有斑纹的鼠，或谓“鼮鼨”，见《正字通·鼠部》，在今天的生物里则未知所指。

豹文鼮鼠，郭注：“鼠文彩如豹者。汉武帝时得此鼠，孝廉郎终军知之，赐绢百匹。”

这种鼠的纹彩如豹，郭璞注已清楚指出。终军在十八岁时已获选为博士弟子，后出使匈奴、南越，在南越时为南越相吕嘉所杀，死时年仅二十岁。因其早逝，时人惜之而称为“终童”。考诸《汉书》《汉纪》等，皆不见郭璞注所言得鼠云云，或郭注所记有误。宋人王楙《野客丛书》指出，崔偓佺、刘士玄，以至唐代类书《艺文类聚》皆有郭璞此说，然《汉书》实不载终军此事。可是，在《窦攸家传》里，却有：“光武宴百僚于云台，得豹文之鼠，问群臣，莫知之。惟窦攸曰：‘此鼮鼠也。’诏问所出，曰：‘见《尔雅》。’验之果然。赐绢百匹，诏公卿子弟就攸学《尔雅》。”大抵事出窦攸，《野客丛书》以《窦攸家传》所载为是，其言是也。今考《文选》李善注引挚虞《三辅决录》亦以此事出窦攸，则不出终军明矣。豹文鼮鼠即今之花松鼠，乃啮齿目松鼠科花松鼠属之动物，身上有明显的条纹，与《尔雅》所言相合。

鼳鼠，郭注：“今江东山中有鼳鼠，状如鼠而大，苍色，在树木上。音巫觋。”

最后一个是鼳鼠。郭璞注指出其所在地，形状较鼠大，青绿色，在树上活动。唐代类书《初学记》卷29“鼠部”在“食鸟，毁牛”之下引《尔雅》“𪕹鼠”，郭璞注：“江东呼𪕹鼠者，似鼠大而食鸟，在树木上也。”大抵“𪕹鼠”即“鼳鼠”，二者音义无异。《初学记》特别指出鼳鼠能够食鸟，《尔雅》郭注本无“食鸟”云云。要寻找一头青绿色而食鸟的鼠，实在不容易，因而古籍里基本上没有再出现过鼳鼠，而今天的生物里也似乎没有鼳鼠的踪影。

除了《尔雅·释兽》的鼠属以外，《说文·鼠部》里一共收录了20个字（包括“鼠”字本身）。不要小看这20个字，其中有许多外型不同的鼠，包括“鼠”“䶉”“𪕭”“鼢”“䶂”“鼶”“𪖐”“鼫”“鼨”“𪖀”“鼷”“鼩”“鼸”

“䶆”“鼬”“䶂”“䶈”“䶃”“鼲”“鼩”。其中不少亦见上文《尔雅·释兽》“鼠属”之中，此不赘述。看见这么多《说文·鼠部》的字，我们也只能惊叹古人造字之细心。当中有些是不同种类的鼠，有的是连许慎也只能指出是“鼠属”而已，不能深究的，如“䶉”“䶆”“䶈”等便是如此。其实，没有详细的解释，没有特别的见解，何以许慎仍然执意收录这些字？更让我们清楚《说文解字》的本质。《说文解字》并不是后世所谓的字典词书，它是一部字书，是一部协助解读经典的经学用书。因此，《说文》所录的字，都曾经在前代经典出现，如果我们熟读《说文》，就等于对五经的文字都了如指掌。不要忘记，许慎号称“五经无双许叔重”，《说文》用字通贯五经，便是“五经无双”的重要证据。《说文》的解经性质，只要我们翻开桂馥《说文解字义证》便立刻豁然开朗了。在清代《说文》四大家（段玉裁、桂馥、王筠、朱骏声）之中，段玉裁《说文解字注》体大思精，阐明音义，发挥许慎最多；桂馥胪列古籍而不下己意，采用资料最为丰富，二书可谓各擅胜场。《说文》并不是一部字典，它是一部解经之书。《说文》里收录的字，必然曾经出现在当时重要的典籍里。许慎取之而收编成书，倘熟读之，便可明了许多典籍里用字的意义。可是即使翻查桂书，也找不到古籍里“䶉”“䶆”“䶈”等字的用例，后来的字书如《玉篇》《广韵》等或亦收录诸字，所据盖亦根据《说文》而无古籍用例。近世地不爱宝，出土文献甚夥，或许要留待出土文献的新发现，才可以寻回这些失落已久的“鼠部”字用例。

古代的鼠，今天都属于哺乳动物里的啮齿类。啮齿类动物很多，大约五只哺乳动物之中便有两只或以上是啮齿类。《诗经·硕鼠》里说，“硕鼠硕鼠，无食我黍”“硕鼠硕鼠，无食我麦”“硕鼠硕鼠，无食我苗”。这里的“硕鼠”，应该是大田鼠，将农民辛苦耕种的农作物都吃光了。当然，大田鼠只是表象，乃用以比喻贪婪伤民的统治者。可爱的鼠很受欢迎，我们更害怕的是鼠患、鼠疫等，可见事情都有两面。1928年，美国的米奇老鼠诞生，至今已将近100年了。米奇老鼠形象健康，大抵化解了老鼠肮脏的印象，今天更成为了乐园的生财工具，实在是始料不及。鼠是十二生肖之一，乃十二生肖之首。一元复始，万象更新。原来，居住在洞穴里的动物，反而成为了十二生肖的领头人。

雌雄动物不同论

男女有别，在双性繁殖的生物中，有雄性与雌性之分，动物亦然。

在我们日常的词汇里，习惯地以雄性的某某、雌性的某某（或许在粤语里的“公”与“乸”）称呼某些动物。但是在传统字书里，可以发现不少词汇已代表了某些物种的雄与雌。麒麟是传说中的动物，或谓即今之长颈鹿，且看《说文解字·鹿部》所载以下三字：

> 麟，大牝鹿也。从鹿粦声。
>
> 麒，仁兽也。麋身牛尾，一角。从鹿其声。
>
> 麐，牝麒也。从鹿吝声。

“牡”是雄性，“牝”是雌性。《说文解字·牛部》：“牡，畜父也。从牛土声。”“牝，畜母也。从牛匕声。《易》曰：‘畜牝牛，吉。’”据此，是知家养的雄性走兽称为“牡”，雌性的称为“牝”。又《说文·隹部》：“雄，鸟父也。从隹厷声。”“雌，鸟母也。从隹此声。”可知“雄”“雌”所言的是飞禽的男女。总之，“牡”“雄”皆男，“牝”“雌”皆女。颜师古注释《急就篇》卷3“雄雌牝牡相随趋”句说得最简洁清晰：“飞曰雄雌，走曰牝牡。”在《说文》里，“麟”是体形庞大的雌鹿；“麒”是仁兽，鹿身而牛尾，独角，雄性；“麐”是雌性的麒。郝懿行云：“麐，经典通作麟。”可知“麐”即“麟”，二字音义相通。比合而论，“麒”为雄性，“麟／麐”为雌性。今天，我们看见长颈鹿，在一般人而言，莫管其雌雄；即在动物学家眼中，也只区分为“雄性长颈鹿”与“雌性长颈鹿”。中国古代却对此细加区分，不禁让人赞叹。

同一动物，雌雄异名，古时多有之。除“麒”“麟”外，还有以下的一些例子。这里说的是猪：

> 《说文解字·豕部》：“豕，彘也。竭其尾，故谓之豕。象毛足而后有尾。读与豨同。凡豕之属皆从豕。”[①]
>
> 《说文解字·豕部》：“豝，牝豕也。从豕巴声。一曰一岁，能相把拏也。《诗》曰：‘一发五豝。’”

据《说文》所言，“豕”是雄猪，“豝”是雌猪，《尔雅·释兽》的说法相同[②]。《尔雅》里也有不少此类记载：

> 《尔雅·释鸟》：“鷯，鶉，其雄鶛，牝痺。”邢疏：“鶉，一名鷯，其雄名鶛，其牝名痺。”

可知雄性的鶉名为“鶛”，雌性的为“痺”。在《尔雅·释兽》里还有以下的几项：

① 案：《说文》原文“读与豨同”后有“按今世字误以豕为彘，以彘为豕。何以明之？为啄琢从豕，蠡从彘，皆取其声，以是明之”之文，徐铉等以为未必是许慎原文，其曰：“臣铉等曰：此语未详，或后人所加。”徐说是，故上文不录此语。

② 案：《尔雅·释兽》：“豕子，猪。豬，豮。幺，幼。奏者豱。豕生三，豵；二，师；一，特。所寝，橧。四豴皆白，豥。其迹，刻。绝有力，豟。牝，豝。”这是《尔雅》有关“猪”的条目，我们今天见猪但称猪，未有细分，可是在古代的语汇里，却可分作许多细项。

麋：牡，麔；牝，麎；其子，䴤；其迹，躔；绝有力，狄。

鹿：牡，麚；牝，麀；其子，麛；其迹，速；绝有力，麉。

麕：牡，麌；牝，麜；其子，麆；其迹，解；绝有力，豜。

狼：牡，獾；牝，狼；其子，獥；绝有力，迅。

与鹿相关的雌、雄词汇也够丰富了。先是“麋”，我们今天称之为“麋鹿”，这是汉语词汇向双音节发展的结果。雄性的麋鹿可称为“麔”，雌性的称为“麎”。今天，麋鹿是一种已在野外灭绝的动物，麋鹿的身影只可以在动物园见到，而在野外所有的，只是放养大自然的结果。在古代，麋鹿的级别颇高，《白虎通义·乡射》引《含文嘉》云：“天子射熊，诸侯射麋，大夫射虎、豹，士射鹿、豕。”[①]在这里，“麋”仅次于天子所狩猎的熊，位居第二。当然，徒以狩猎而论其重要性，只是将动物置于任人屠杀的层次，不足深论。然其较诸虎、豹、鹿、豕等为重，却是显而易见。麋鹿还有一事让人津津乐道，那便是它的“四不像”。在《封神演义》第三十八回里，它是姜子牙的坐骑，称为“四不相”。首次出场之时，描写它的诗歌道：“麟头豸尾体如龙，足踏祥光至九重。四海九洲随意遍，三山五岳霎时逢。”这里“麟头豸尾体如龙，足踏祥光至九重”的怪物，便是“蹄似牛非牛，头似马非马，尾似驴非驴，角似鹿非鹿”的四不像。在动物学著作的描述里，可以看到比较具体细致的描述。“麋鹿在外形上与一般的鹿很不一样，这种鹿面部像马，有宽阔的蹄和一条长尾巴。雄鹿另一个特殊的特征是它的角‘从后向前弯曲’。

---

①案：《礼纬含文嘉》乃汉代纬书。礼纬是汉代重要的文化思潮，反映出汉代对于天文、历法、地理、医学、气象物候等方面的价值取向。

冬季的皮毛是略带灰色的淡黄褐色，夏季为红棕色”[①]。细意比较，四不像的头似马非马、尾似驴非驴，与今天麋鹿的描述颇为接近。

再下来便是最普遍的“鹿”。据《尔雅·释兽》，雄性的鹿是“麚”，雌性的是“麀”。《说文解字·鹿部》也说，“麚，牡鹿。从鹿叚声。以夏至解角”，“麀，牝鹿也。从鹿，从牝省”。以“麚”为雄鹿，“麀”为雌鹿，与《尔雅·释兽》相同。颜师古《急就篇注》谓“牡者曰麚，牝者曰麀”，与《尔雅》释义相同。在今天的生物分类法里，鹿是偶蹄目反刍亚目中的一类，与牛、羊等动物不同。《文选》卷18载东汉马融《长笛赋》“寒熊振颔，特麚昏髟”当中，“麚”字便是公鹿之意。

接着便到“麕”。这种动物，雄性称之为“麌”，雌性称之为“麜”[②]。“麕”是今天的獐，雄獐称之为“麌”，雌獐称之为“麜”。《说文·鹿部》：“麇，麞也。从鹿，囷省声。麕，籀文不省。”据此，知“麕”“麇”“麞”字义相同。麞或作獐，郑玄注《周礼·考工记·画缋》“山以章”句云：“齐人谓麇为獐。”今天，我们习惯称此种动物为“獐”。獐是一种小型的鹿科动物。无角，四肢与脖子较长，后腿较前腿长，所以经常用兔子一般的跳跃方式前进。耳朵短小而圆。体重约15至20（雄獐15、雌獐20）千克，体长约1米。毛皮为棕黄色，幼鹿毛色较成年鹿深，为深棕色。不能不提的，还有成语“獐头鼠目”，意思是脑袋像獐

---

① 〔英〕朱丽叶·克拉顿-布罗克（Juliet Clutton-Brock）主编：《哺乳动物》，中国友谊出版社2005年版，第338页。

② 《尔雅》“麕：牡，麌；牝，麜”，郝懿行以为“麌”“麜”二字倒逆，当作“牡，麜”“牝麌”。郝氏云：“麌者，《诗》云：‘麀鹿麌麌。’郑《笺》用《尔雅》，孔疏云：‘是麕牝曰麌也。’若然，郑《笺》当云‘麕牝曰麌’，今本作牡，字形之误，因知《尔雅》古本作‘麕牡麜，牝麌’，正与《诗》言‘麀鹿’相合，今本麜麌互倒，于义舛矣，当据郑《笺》订正。唯《玉篇》云‘麌，牝鹿也’，《广韵·十一模》云‘麌，牝麕也’，《群经音辨·七》引郑义亦作‘麀，鹿牝也’。‘麌，麕牝也’，分明不误，并与《诗》合，此说本之臧氏《经义杂记·廿七》，今取以正郭本《尔雅》之误也。”郝说可参，惟今仍从《尔雅注疏》之旧。

《新刻钟伯敬先生批评封神演义》第三十八回“四圣西岐会子牙”
（明万历间金阊载阳舒文渊刊本）

麕（《古今图书集成》）

子那样又小又尖，眼睛像老鼠那样又小又圆。形容人相貌丑陋，神情狡猾。陆游《梦入禅林有老宿方升座》云：“尘埃车马何憧憧，麞头鼠目厌妄庸。乐哉梦见德人容，巍巍堂堂人中龙。”（《剑南诗稿》卷5）獐头鼠目是何等的让人讨厌！不管它是雄或雌。

还有“狼”。据上引《尔雅》，雄性的是“獾”，雌性的是“狼”。《说文解字·犬部》：“狼，似犬，锐头，白颊，高前，广后。从犬良声。”《说文》没有解释“狼”是雄或雌，与《尔雅》直指“狼”为雌性稍异。狼类有一共同特征——狼嚎，李时珍《本草纲目》卷51下《兽之二》云：“其肠直，故鸣则后窍皆沸。”郝懿行《尔雅义疏》云：“按今狼全似苍犬，唯目纵为异，其肠直，故鸣则窍沸也。”叫声如何与肠是否为直当然没有关系，但是古人皆注意到狼的叫声有着特别之处。狼嚎的原因有三：一是为了宣示自己的地盘；二是为了呼唤离群的同伴；三是为了加深同伴之间的关系。《尔雅》说雄性的狼是“獾”，在今天的生物分类里，狼属犬科，獾属鼬科，二者绝对不是雌与雄的关系。

上引《说文解字》说“狼”似犬，在今天的生物分类法里是正确的。狼的皮毛浓密，常呈灰色，但也能在几乎全白到红、褐和黑色间变化。狼的主要食物是大型有蹄类，如鹿、驼鹿、驯鹿和麋鹿，但也吃家畜、动物的腐肉和废弃物等。《说文》没有“獾”，只有“豲”，二者偏旁有异，但释义相同，《说文·豕部》谓“豲，野豕也。从豸雚声”。可是，“豲”在这里解作野猪，雄性的狼也不可能是野猪吧。观乎《尔雅》郭璞注、邢昺疏、桂馥《说文解字义证》卷29于“獾”“豲”下俱无“獾”为雄狼之明证[①]。今观乎“獾”，其身体矮壮，腿短，头小而尖，颈短，四肢有力，尾短小。属夜行性杂食动物，食物随着季节的不同而改变，

①案：除《尔雅》外，诸经无“獾”或“豲”，则雄性的狼是否有此名，查无实证。

狼、狗獾（《古今图书集成》[一]）

狼、狗獾（《古今图书集成》[二]）

但主要以蚯蚓为食。总之，“貛”与“狼”在体态、习性上皆有所异，不应是同一物种的雌雄，前人解说或属可商，未可尽信。

除了《释兽》所载以外，《尔雅》尚载有不少雌雄异名之动物，仅列如下，以供参考，并见古人词汇之丰富：

> 《尔雅·释鸟》：“桃虫，鷦。其雌鴱。”
>
> 《尔雅·释鸟》：“鶠，凤。其雌皇。”
>
> 《尔雅·释鸟》：“鶉，鶉。其雄鶛，牝庳。”
>
> 《尔雅·释鸟》：“鸟之雌雄不可别者，以翼右掩左雄，左掩右雌。”

首先，桃虫即是鷦鷯，雄性名“鷦”，雌性名“鴱”。其次，“鶠”是凤凰的别称，雄性是“凤”，雌性是“皇”（即“凰”）。再者，“鶛”是雄性鹌鹑，“庳”是雌性鹌鹑。

最后，有些雀鸟难辨雌雄，《尔雅》提出了一个好方法：“以翼右掩左雄，左掩右雌。”《诗经·小雅·白华》“鸳鸯在梁，戢其左翼”句，郑玄《笺》：“敛左翼者，谓右掩左也。鸟之雌雄不可别者，以翼右掩左雄，左掩右雌，阴阳相下之义也。”晋人张华《博物志》卷4云：“鸟雌雄不可别，翼右掩左，雄；左掩右，雌。”郑玄、张华所言皆本《尔雅》。究竟《尔雅》作者为何会有这样的认识呢？不得而知。《说文解字·手部》：“拱，敛手也。从手共声。”段玉裁注：“凡沓手：右手在内，左手在外，是谓尚左手。男拜如是。男之吉拜如是，丧拜反是。左手在内，右手在外，是谓尚右手。女拜如是。女之吉拜如是，丧拜反是。”作揖的基本手势是右手握拳，左手成掌，对右拳或包或盖，这样的作揖手势是“吉拜”；反之，“右手成掌，左手握拳”则为凶拜，一般用于吊丧。

鹪鹩图（《古今图书集成》）

女性的手势和男性是相反的，左手握拳右手包于其上是“吉拜”。中国古代有重人精神，鸟兽不可与同群，故鸟类雄性是右掩左，雌性是左掩右，大或如是。回到现实，要鉴别禽类的雌雄并不容易，一般而言，今天主要利用三种方法加以鉴别，包括伴性遗传鉴别法、肛门雌雄鉴别法、器械鉴别法等。徒以人眼观测，似乎并不可行。

总括而言，中国古代字书就动物雌雄区分，井然有序，字词丰富，虽然未尽科学，细意考之，却是趣味盎然。

动物小时候

中国古代动物词汇丰富，雌雄有别，大小有分。动物小时候有着怎样的名称，《尔雅》多有记载。且以《尔雅》的《释虫》《释兽》与《释畜》为例，见其一二：

（1）不过，蛣蠰，其子蜱蛸。

（2）蟿，飞蚁，其子蚳。

（3）麋，其子麇。

（4）鹿，其子麛。

（5）麕，其子麆。

（6）狼，其子獥。

（7）兔子，嬎。

（8）熊，其子狗。

（9）貍子，隸。

（10）貈子，貆。

（11）貒子，貗。

（12）貔，其子縠。

（13）牛，其子犊。

我们先看《释虫》里所载的两种昆虫。“不过”的名字颇为奇特，据《尔雅》记载，“不过”又名蛣蠰，即螳螂，其幼子名为“蜱蛸”。当然，这个幼子并不是幼年的螳螂，蜱蛸指的是螳螂的卵块。此因郭璞以

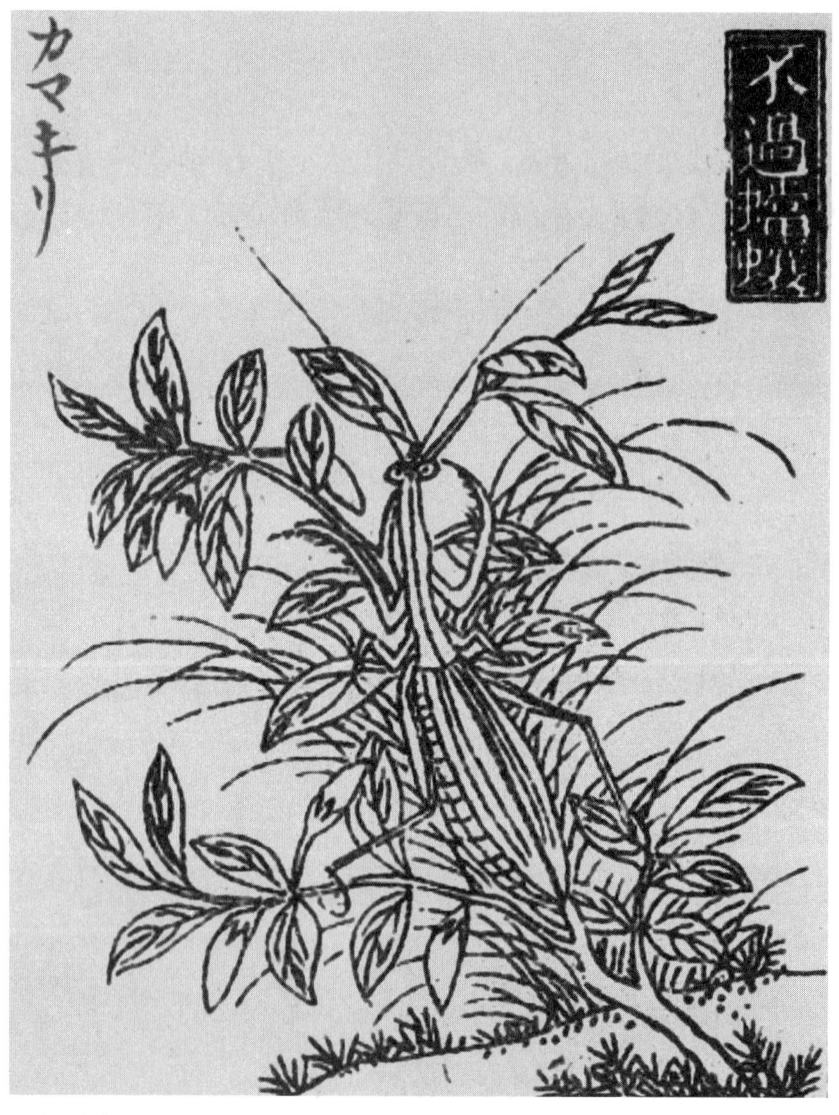

不过，蛣蠰（《尔雅图》）

为蜱蛸“一名蟭，蛸蠰卵也”，据此可知蜱蛸便是螳螂卵。又，郭璞注：“蛸蠰，螗蜋别名。”《说文·虫部》：“蠰，蛸蠰也。从虫襄声。”“蛸，蛸蠰，不过也。从虫当声。”“蛸”与“蛸”音义相同，只是部件所处位置有异，可见《说文解字》同样指出“不过”是螳螂的别名。《礼记·月令》有“小暑至，螳蜋生”之句，郑玄注：“螳蜋，螵蛸母也。”明确说明螳蜋是“螵蛸”的母亲。然则，“蜱蛸”究竟是螳螂的卵块，抑或是其幼子，实未可知。

《尔雅·释虫》云：“蟼，飞蚁，其子蚳。”“蟼”是什么呢？邢疏云：“有翅而飞者名，即飞蚁也。”可知“蟼”即飞蚁，是一种能飞的蚂蚁，其卵块称之为“蚳”。罗愿《尔雅翼》云：“蟼，飞蚁。蚁之有翅者，盖柱中白蚁之所化也。白蚁状如蚁卵，凡斩木不以时，木未及燥而作室或柱础，去地不高，则是物生其中，以泥为房，诘曲而上，往往变化生羽，遇天晏湿，群队而出，飞亦不能高，寻则脱翼，藉藉在地而死矣。”这里指出“蟼”是有翅能飞的蚁，原为“柱中白蚁所化”，在潮湿阴暗之时，“变化生羽”，并空群而出，到达栖息地后脱翼而死。罗愿乃宋人，其对“蟼”的认识颇为正确。飞蚁乃白蚁的繁殖蚁种，当一群白蚁达到一定数量需要分巢时，工蚁随即变种，长出翅膀，成为飞蚁，以便快速及安全地寻觅新的栖息地。到达新栖息地后，飞蚁即会脱去翅膀，产卵繁殖。至于“蚳”，所指当为蚁卵。《大戴礼记·夏小正》云：“蚳，蚁卵也，为祭醢也。”可知“蚳”是蚁卵，更可见古人以蚁卵制酱以供祭祀的情况。《说文·虫部》：“蚳，蚁子也。从虫氐声。《周礼》有‘蚳醢’。读若祁。”与上文“蜱蛸”相似，“蚳”是蚁卵还是幼蚁，亦未可知。

《尔雅·释兽》有“麇”“鹿”“麕”等三种与鹿相关的动物，跟上文“蜱蛸”与“蚳”截然不同的，乃是“麇”“鹿”“麕”皆哺乳类动物，其子“麇”“麛”“麆”皆不可能由卵所生出。因此，所言“其子”必然指

“麋”“鹿”“麕”的幼仔。“麋”即今之所谓“麋鹿”，其幼仔称为“麇”。鹿在今天是动物界里的科名，乃脊索动物门哺乳纲偶蹄目鹿科的名字，而麋鹿与麕皆隶属其中。小鹿斑比（Bambi）可能很多上了年纪的人都看过，今天我们看见一头小的鹿，自必称之为“小鹿”，“麛”是鹿的幼仔，才是真正的小鹿。至于“麕”，就是今天所说的獐。“麕”与“麇”音义俱同，《说文解字·鹿部》：“麇，麞也。从鹿，囷省声。”獐的幼仔，过去原来也不称小獐，而是称为“麆”。《玉篇·鹿部》：“麆，麕子也。”直接说明“麆”即幼獐。再如“麋”，其幼仔为“麇”，《广韵》谓“麇，麋子”。《国语·鲁语上》：“兽长麑麇。”韦昭注：“鹿子曰麑，麋子曰麇。”麋的幼仔“麇”出现在不少先秦两汉典籍里。麋俗称“四不像”，曾经广布东亚地区，在20世纪已基本上野外灭绝，在中国现存的是北京南苑皇家猎苑的孑遗。这也难怪我们已经不知道世上有“麇”了！

《尔雅·释兽》又载有狼的幼仔，名为“獥”。《诗经·齐风·还》“并驱从两狼兮”句，《正义》引舍人曰：“狼，牡名貛，牝名狼，其子名獥，绝有力者名迅。”同样指出了狼的幼仔名为“獥”。狼是哺乳纲食肉目犬科犬属动物，雌狼每胎平均生产5到6只幼狼。每胎幼狼数量愈小，其体形则较大。我们今天称之为幼狼者，其实当名之为“獥”。

又《尔雅·释兽》云：“兔子，嬎。”幼兔名为“嬎”。《说文》作“娩”，云：“娩，兔子也。娩，疾也。从女、兔。”这里可见“娩”字，除了可以训释为“兔子”以外，也可以解释为“疾”。郝懿行云：“娩训疾者，兔生子极易，恒疾而速，故兔血脑主胎产也。”为什么幼兔称之为“娩”呢？原来“娩”还可以解释作快速之意。众所周知，兔子的生育能力非常强，一胎能诞下7到13只小兔子，而且1年可以生产7次。因此，兔子的快速，主要见于其生产的过程上。这么多的小兔子，据《尔雅》《说文》的记载，称之为“娩”，循名责实，很有意思。

甲骨文“犬”字　　　　小篆“狗”字

据《尔雅·释兽》载，熊之子称作“狗”。在今人眼中，这解释有点不可思议。如果小熊称之为“狗”，那么小狗又该称什么呢？话说回来，此乃古汉语和现代汉语的差异。古汉语一般称狗为“犬”，并不作“狗”。在甲骨文里，“犬”是象形字，极像狗的样子。甲骨文里并没有“狗”字。“狗”是形声字，从“犬”，“句”声，应当是先有“犬”字，“狗”字后起。《尔雅·释畜》云：“未成毫，狗。”指出未生长出刚毛的便是狗，即小狗之意。因此，小“犬”亦称为“狗”。此外，熊在哺乳纲食肉目熊科，而“狗”在食肉目犬科，狼是犬科动物的一种，而熊非是。因此，称熊子为“狗”，在生物分类法里实找不到依据。然而，“狗”带有小的意思，故称小熊为“狗”，在今天看来仍有其意义。

接下来，《尔雅·释兽》载录了以下三种动物的幼仔。“貍”“貈”“貒”的幼仔分别是“貄”“貆”“貗”。“貍”大抵即今人所言貍猫，郝懿行云：“今呼家者为猫，野者为貍，野貍即野猫也。”小貍猫可称之为“貄”。“貈”是何物，较难猜度。《说文解字·豸部》：“貈，似狐，善睡兽。从豸舟声。《论语》曰：‘狐貈之厚以居。’”《说文》以为“貈”与狐狸相似，所谓“善睡”者，盖昼伏夜出也。郝懿行谓“貈”即“貉”也。貉亦哺乳纲食肉目犬科动物，生活在山林中，昼伏夜出，以鱼、虾、鼠、兔为食物，即“善睡兽”也。《诗经·魏风·伐檀》“胡瞻尔庭有县貆兮”句，郑《笺》：“貉子曰貆。”大抵“貈”和“貉”二字相通，而

貒、貍、貔、貈（《尔雅图》）

“貆”乃其幼仔。让我们再看看“貒”，其幼仔为“貗”。郭璞注：“貒豚也，一名貛。”这个注释，带来了许多疑问。“貒”是“貒豚”，与豚相似，《字林》云：“貒，兽，似豕而肥。”据此是“貒”的形态与猪相似而更胖。今所见动物里有草原西貒，属哺乳纲偶蹄目西貒科，生活在南美洲巴拉圭、玻利维亚及阿根廷的干旱丛林里。可是，郭璞又言“貒”“一名貛”，而“貛”即“獾”，乃哺乳纲食肉目鼬科獾属动物。“貒”与“貛”乃截然不同的两种动物，何以有相同之处？实不可知。扬雄《方言》云：“貛，关西谓之貒。”或许乃不同地方的方言，致使同一动物而有两种称呼，扬说可参。郝懿行云：“貛、貒叠韵，貒、豚双声兼叠韵，貒、貛同物，故古通名。”从古音入手，以证诸物相同，亦可参。“貗”是貒的幼仔，在早期的文献里，似乎没有太多它的踪影。

《尔雅·释兽》载有“貔”及其幼仔“豰”。“貔”是何物，难以言诠。《说文解字·豸部》：“貔，豹属，出貉国。从豸毘声。《诗》曰：‘献其貔皮。’《周书》曰：‘如虎如貔。’貔，猛兽。”《说文》的记载比较详细，指出“貔”是豹属猛兽，产自貉国，亦援引了《诗经·大雅·韩奕》《尚书·牧誓》等书证。其实，即使经过《说文》的解释，在我们今天看来，仍然不知道“貔”之所指。有谓“貔”即貔貅，则为传说中之瑞兽而已，具体是什么则没有明确记载。貔的幼仔是“豰”，此字从“豕”，则“貔”本与“豕”或有所关联。《说文·豕部》：“豰，小豚也。从豕㱿声。”直指“豰”为小猪。试想想，如果“豰”是小猪，那么作为父母的“貔”，可以不是大猪吗？实在值得我们深思。

《尔雅·释畜》有“牛”之幼仔“犊”。相较前面所说的几个动物小时候用字而言，“犊”字我们肯定接触得最多。有云“初生之犊不畏虎”，以为刚出生的小牛对老虎毫不畏惧，很多时候用来比喻阅世不深的青年人敢说敢做、无所畏惧。又有“舐犊情深”，典出《后汉书·杨彪传》，谓“犹怀老牛舐犊之爱”，用以比喻父母疼爱子女之深情。《说文·牛部》：“犊，牛子也。从牛，渎省声。”同样指出“犊”即牛的幼仔。

对于动物的下一代，孔子、孟子皆曾发表意见，发人深省。孔子说：“钓而不纲，弋不射宿。”（《论语·述而》）孔子以为钓鱼时，不用大绳横断流水以取鱼；用箭射鸟时，不会射杀归巢的鸟。“钓”是用鱼钩钓鱼的意思，“纲”是鱼网上的大绳子。孔子“钓而不纲”，是说孔子用钓钩来钓鱼，而不用大网捕鱼。因为害怕将所有鱼都捞光后，以后无鱼可吃。此举正是取物有节的表现，只捉大鱼，不杀小鱼，让小鱼有机会长大。同理，孔子不射杀还巢之鸟，乃出于不忍之心，不失于仁义之道。其实，雀鸟筑巢多因生蛋育儿，如果射杀还鸟，那便会导致巢中幼儿无人照顾，性命堪虞。孟子同样主张保护动物幼仔，维持生态平衡，其曰：

> 数罟不入洿池，鱼鳖不可胜食也；斧斤以时入山林，材木不可胜用也。谷与鱼鳖不可胜食，材木不可胜用，是使民养生丧死无憾也。养生丧死无憾，王道之始也。（《孟子·梁惠王上》）

孟子提及了王道开始时的社会环境，而这个环境在今天看来是维护生态平衡的关键。首先，孟子以为如果不用细密的鱼网到大池沼捕鱼的话，那么鱼类便会吃之不尽。不用细密的网捕鱼，为的是使小鱼有成长的机会，他日便可变成大鱼，供人食用。其次是伐木。孟子以为如果砍伐树木有一定的时间，木材也会用之不尽。按时伐木，也就表明只砍伐树龄足够、可供砍伐的树木。如果连幼小的树木也砍伐的话，将来便没有木材可用。要如何实践孟子所言的“王道”并不容易，但是保护我们自己的环境，应该是每个政府都要为老百姓所做的事。

字书里丰富的动物幼仔词汇，代表了古人观察的细致，以及对动物的重视。人类的繁衍，全仗对下一代的悉心栽培，即从字书之中，也可以体察古人对大自然的看法，可供今人借鉴。

从贾谊到哈利·波特
——中西文化里的猫头鹰

不祥与智慧，如何可以混为一谈，中西文化里的猫头鹰便是这样的一种动物。

枭（《说文解字》）

鸮（《说文解字》）

今天，鸮、枭、猫头鹰，是鸮形目的鸟类。这几个字的意义不尽相同，让我们先看看字书里的记载。《说文解字·木部》："枭，不孝鸟也。日至，捕枭磔之。从鸟头在木上。"据《说文》之意，枭是一种不孝的鸟；因此到了夏至当天，捕捉枭鸟并处以磔刑，头及肢体挂于树上。这描述里的猎人固然可怕，但更重要的是枭有不孝的元素。枭为什么会不孝呢？传说它在羽翼长成后，会食母而飞。北朝齐刘昼《新论》卷9《贪爱》云："炎州有鸟，其名曰枭。妪伏其子，百日而长。羽翼既成，食母而飞。"根据《新论·贪爱》如此的描述，枭是相当可怕的，它会在出生百日、羽翼长成以后，便将生母吃掉。明人张自烈《正字通·木部》便说："枭，鸟生炎州，母妪子百日，羽翼长，从母索食，食母而飞。关西名流离。又土枭，鹰身猫面，穴土而居。"我们知道猫头鹰以其他动物为食，包括昆虫、蚯蚓、蛙、蜥蜴、小型鸟类和哺乳动物等。鸟类也会出现一胎数只兄弟互相残杀的情况，但"食母而飞"，实属不可思议。毕竟雏鸟需要母亲照顾，猫头鹰从孵化后约一年，即可成长达到性成熟，便可以生育繁殖了。然而，一些较大的物种，可能要到第二年或第三年，才能开始繁殖。是以百日便将母鸟吃掉，自不可能。幼鸟依靠母鸟喂哺，如果猫头鹰在百日之大即吃掉母鸟，虽然解决了一顿，只会引起更多的问题，未免稍微脱离事实。

鸮，《说文解字·鸟部》亦有解说："鸮，鸱鸮，宁鴂也。从鸟号声。"这里的鸮与枭相似，读音亦相同。在中古音里，鸮属云母宵部，枭属见母萧部，高亨《古字通假会典》以为二字可以相通。《说文》里的"鸱鸮"，自然也就是曹植《赠白马王彪》里的"鸱枭鸣衡轭，豺狼当路衢"的"鸱枭"。观乎《说文》作"鸮"而曹诗作"枭"，则二字可以相通亦可考见。《说文》所言"宁鴂"，本乎《尔雅》。《尔雅·释鸟》云："鸱鸮，鸋鴂。"《诗经·豳风·鸱鸮》"鸱鸮鸱鸮"，《毛传》云："鸱鸮，鸋鴂也。"《尔雅》多据《诗》《书》文本释义，此处《毛传》实本乎《尔雅》以释《豳风》之文。结合扬雄《方言》，则知"鸋鴂"当为鸱鸮的一种说法，《方言》卷8云：

> 桑飞，自关而东谓之工爵，或谓之过鸁，或谓之女鸥。自关而东谓之鸋鴂。自关而西谓之桑飞，或谓之懱爵。

据此，是"桑飞"乃共同语，"鸋鴂"为关东方言。要注意的是，我们今天说"枭""鸮"或是一物，皆属鸮形目的鸟类，但古人所释不尽相同。陆玑《毛诗草木鸟兽虫鱼疏》卷下云：

> 鸱鸮，似黄雀而小，其喙尖如锥，取茅莠为巢，以麻紩之如刺袜。然县着树枝，或一房或二房，幽州人谓之鸋鴂，或曰巧妇，或曰女匠。关东谓之工雀，或谓之过羸，关西谓之桑飞，或谓之袜雀，或曰巧女。

据此书所释，鸱鸮比黄雀更小。今天所见鸮形目鸟类，大者如雕鸮体长可达90厘米，小者如东方角鸮体长不及20厘米。至于黄雀，体长约为12厘米，因其雄鸟上体浅黄绿色，雌鸟上体微黄有暗褐条纹而得名。然较诸最小的东方角鸮而言，黄雀还是比较细小的，故陆玑所言究为何物仍未可知。

除“枭”和“鸮”外，还有“鹏”。西汉初年，洛阳少年贾谊尝于文帝朝任大中大夫，甚得文帝喜爱。惜其时老臣如周勃、灌婴等，以为贾谊专欲擅权，渐生不满而谗之，文帝后亦疏远贾谊，贬其为长沙王太傅。至长沙，因见其地卑湿，自以为寿不得长，乃作赋以自我排遣。此赋即为传诵千古的《鹏鸟赋》。《鹏鸟赋》之缘起，皆因一只不祥之鸟——“鹏”，飞进贾谊府宅。在《史记》《汉书》《文选》俱载此赋，赋文前有一段小序性质的文字，其记载却不尽相同。今排比对读如下：

> 《史记》 有鸮　飞入贾生舍，止于坐隅。楚人命鸮曰“服”。
> 《汉书》 有服　飞入　谊舍，止于坐隅。服似鸮，不祥鸟也。
> 《文选》 有鹏鸟 飞入　谊舍，止于坐隅，鹏似鸮，不祥鸟也。

《史记》说有“鸮”飞入贾谊府第，停在贾谊座位旁，而楚人将鸮命名

鸱鸮、鹏（《古今图书集成》[一]）

鸥鸮、鹏（《古今图书集成》[二]）

为“服”，则作“服”者为楚语。《汉书》不作“鹗”，改作“服”，并强调“服似鹗”，既言“似”，即二者并不相同。《文选》所载此赋与《汉书》较近，谓之为“鹏”。如果鹗是今天的猫头鹰，则“鹏”是貌似猫头鹰的一种不祥之鸟。由是观之，《史记》与《汉书》《文选》的见解并不一致。

《史记》三家注有就“鹗”字作解说，详情如下：首先，裴骃《集解》引晋灼云：“《异物志》有山鹗，体有文色，土俗因形名之曰服。不能远飞，行不出域。”此处《异物志》或即谯周《巴蜀异物志》，其谓山鹗躯体有纹色，巴蜀一带称之为“服”；此鸟不能远飞，不出所在地域。其次，司马贞《索隐》引邓展说“似鹊而大”，复引《巴蜀异物志》之说；又引《荆州记》，指出“巫县有鸟如雌鸡，其名为鹗，楚人谓之服”。即此鸟在荆州巫县，状如雌鸡，命名为“鹗”，其楚名则为“服”。再引《吴录》云：“服，黑色，鸣自呼。”以此鸟为黑色，叫声为服。张守节《正义》云：“鹗，大如斑鸠，绿色，恶鸟也。入人家，凶。”(《史记会注考证》所引）指出“鹗”之大小与斑鸠相若，乃绿色之恶鸟；如飞入人家，则为凶。试结合《史记》三家注的说法：“鹗”是此鸟的通名，在楚地则称之为“服”；其颜色或为黑色，或为绿色；不能远飞，大小与斑鸠相若，稍大于鹊；其叫声为“服”，乃恶鸟，如果飞入人家，则会带来凶事。又，《周礼·秋官·硩蔟氏》“掌覆夭鸟之巢”，郑注：“夭鸟，恶鸣之鸟，若鹗鹏。”以为“鹗”“鹏”二鸟俱夜为恶声者。“鹗／鹏”似与今天所言猫头鹰稍有不同，此因“鹗／鹏”体积只如斑鸠、雌鸡般大小，且不能远飞。然而，今所见“斑头鸺鹠”，即一种无角羽的猫头鹰，却与贾谊所见“鹏”颇为相近。

细考之，“斑头鸺鹠”体形较小，头有斑纹，符合上文所谓斑鸠之类的描述。又，此种可在白天活动，与夜行性的大部分猫头鹰稍有不同。在《史记》三家注的说法里，注释家及其所引典籍均无指出“鹗／

《毛诗名物图说》所载“鸮”

斑头鸺鹠（来自维基百科）

鹏”是否夜行性动物，则此鸟或在白天活动，亦未可知。

《山海经》里亦可见“鸮”的踪影，如黄山有鸟“其状如鸮”、白于之山则是“其鸟多鸮”、崦嵫之山之鸟“其状如鸮而人面”，虽然未有直接出现“鸮”的描述，但以鸮入文之例仍然在在可见。

在上文贾谊《鹏鸟赋》的对读里，可见“服似鸮”云云。《汉书》多沿袭《史记》旧文，而此部分的描述却不尽相同，《史记》强调楚人命“鸮”曰“服”，则“服”为楚语。《汉书》《文选》以“鹏”与“鸮”相似，并强调二者皆不祥之鸟。此三书重点有所不同。姑勿论“鸮”与“鹏”是否相同，二者皆为不受欢迎之恶鸟。自古文人好以鸱鸮喻奸佞小人，难免令人联想到《鹏鸟赋》中的鹏是否暗有所指，其中“野鸟入室，主人将去”二句，与吕后之女主干政、妨碍刘姓汉室的主人地位，又似有暗合之处。鸮、枭为恶鸟，刘向《说苑·谈丛》云：

> 枭逢鸠。鸠曰：“子将安之？”枭曰：“我将东徙。”鸠曰：“何故？”枭曰：“乡人皆恶我鸣，以故东徙。”鸠曰：“子能更鸣可矣，

人面鸮（《山海经》蒋应镐本）

> 不能更鸣，东徙犹恶子之声。”

在故事里，枭遇上了鸠，其时枭将东迁，因当地人皆恶其鸣声。鸠以为除非枭能改其鸣声，否则即使东徙以后，东边之人仍会厌其鸣声。枭之不受欢迎，在在可见。

中国人长期视枭、鸮为恶鸟，其实亦有例外。《岭表录异》卷中载中国北方人视之怪异，南方人则豢养为食鼠益禽，其云：“北方枭鸣，人以为怪，共恶之。南中昼夜飞鸣，与乌鹊无异。桂林人罗取，生鬻之，家家养，使捕鼠，以为胜狸。”南北文化有所不同，此为一例。桂林人不单止不怕“野鸟入室，主人将去”，更加豢养枭，以之捕鼠，以为更胜狸。

至于西方文化，更与中国迥异。在英语中，“owl”（猫头鹰）一词属于拟声词，来源于拉丁语，原指哀伤的哭叫声，今代表了猫头鹰的啼叫声。在古希腊与古罗马文化中，史前文明时代的猫头鹰，是死亡与再生女神。在奥维德（原名普布利乌斯·奥维修斯·纳索Publius Ovidius

Naso，此乃笔名Ovid)《变形记》(*Metamorphoseon libri*) 里，猫头鹰专门带来不祥预兆；在维吉尔（Publius Vergilius Maro)《埃涅阿斯记》(*Aeneid*) 里，腓尼基公主自杀前，猫头鹰在屋顶上哀鸣；在英国中世纪诗人乔叟（Geoffrey Chaucer)《百鸟会议》(*The Parliament of Fowls*) 里，猫头鹰是死亡的隐喻。这些都与中国的描写比较接近，猫头鹰乃是恶鸟。至于古希腊与罗马神话里，猫头鹰摇身一变成为了智慧女神雅典娜的圣鸟，站在她的肩膀上，也是她的象征。在《伊索寓言》与《格林童话》里，象征智慧的猫头鹰屡屡出现，民间还生成了“as wise as an owl”(像猫头鹰一样聪明）的习语[①]。在西方文化里充满智慧的猫头鹰，不能不提英国小说家罗琳（J.K. Rowling）的作品——《哈利·波特》(*Harry Potter*)。在小说里，猫头鹰是连接魔法世界和现实世界的重要枢纽，它们担任着传递信件、包裹，甚至是“魔法飞天帚光轮2000”等重要物品的任务。小说主角哈利·波特的猫头鹰是海格（Rubeus Hagrid）送给他的生日礼物，是一只雪鸮（Snowy Owl）。在现实生活里，雪鸮全身雪白，非常漂亮。体长在55到70厘米之间，属于体形较大的猫头鹰。雪鸮广布在整个北极圈周围的冻土地带。在小说的魔法世界里，猫头鹰和魔法师之间有着神秘的联系，是魔法师的信使、忠实的伙伴。此因猫头鹰有敏锐的观察能力和杰出的记忆力，能够帮助主人记着复杂的魔法配方和咒语。

在我们看来，猫头鹰可能是恶鸟，大抵因其昼伏夜出，以及捕杀猎物的习性使然。另一方面，因其凶悍的本性，猫头鹰亦难以成为人类的宠物。可是，猫头鹰在西方文化里代表了智慧，更可以成为人类的好伙伴，这毕竟代表了中西文化意涵的迥异。

---

① 参自吴志英：《猫头鹰在英汉语中的文化内涵及某些习惯表达与翻译》，载《语言应用研究》2015年第6期，第152—153页。

豺狼当路衢与土地之神

——漫谈中西豺文化

同一样的动物，在中外古今的文化里可能赋予了不同的意义。

豺是犬科豺属至今唯一幸存的动物，在中国传统典籍的记载里，经常都不怀好意。《尔雅·释兽》云："豺，狗足。"郭璞注："脚似狗。"《说文解字·豸部》："豺，狼属，狗声。从豸才声。"今天，豺是犬科豺属的动物，《说文》谓之狼属，其实豺属、狼属俱为犬科。《说文》分类更有意思的是，豺更多时候与"狼"一起出现，我们也会称之为"豺狼"。清人郝懿行是动物学专家，其《尔雅义疏》云：

> 《说文》："豺，狼属，狗声。"《夏小正》："十月豺祭兽，善其祭而食之也。"高诱《吕览·季秋纪》注："豺，兽也，似狗而长毛，其色黄，于是月杀兽，四围陈之，世所谓祭兽。"《一切经音义》引《仓颉解诂》云："豺似狗，白色，爪牙迅利，善搏噬也。"《埤雅》云："豺，柴也"；又曰"瘦如豺"，是矣。按豺瘦而猛捷，俗名豺狗，群行，虎亦畏之。《牧誓》云"如熊如罴"，《史记》引作"如豺如离"，其猛可知。

郝氏所言，至为丰富，让人细味，当中包括了对豺的外形和生活习性的描述。首先是豺祭兽的情况。中国古代有二十四节气，其中有所谓霜降者。霜降之中以五天为一个单位，十五天共分为三候：一候豺乃祭兽；二候草木黄落；三候蜇虫咸俯。霜降是秋季的最后一个节气，之后就是立冬，立冬即意味着冬季的到来。霜降时，豺狼开始大量捕捉猎物，捕多了吃不完的就放在一边，就人类的目光而言，仿如“祭兽”。东汉高诱所言“于是月杀兽，四围陈之”，正是“豺祭兽”的意思。豺是成群活动的食肉动物，它们会捕猎动物，准备过冬。《仓颉解诂》谓豺“爪牙迅利，善搏噬也”，这是豺所以善于捕猎的重要原因。在围猎之时，豺先用利爪把猎物的眼睛抓瞎，跟其他狗类不同，豺的指爪不但锋利，而且还带有倒刺。猎群中的豺会跳上猎物的背部，然后用利爪掏出猎物的肠子，场景还是相当血腥恐怖的。至于《埤雅》等所引，指出豺很瘦，郝氏后来补充说，豺虽瘦而敏捷。由于习惯群居，所以即使面对老虎也不害怕，甚至可以依然发动攻击。至于郝氏此文最后引及《尚书·牧誓》与《史记·周本纪》的比较，则衍生出其他问题，且先排比对读二书所引如下：

《尚书》 勖哉夫子！尚桓桓，如虎如貔，如熊如罴，

《尚书》 于商郊。

《史记》 勉哉夫子！尚桓桓，如虎如罴，如豺如离，

《史记》 于商郊。

古国顺《史记述尚书研究》只是说此段《史记》“亦多迻录原文”。可是，《尚书》原文是“熊”，何以到了《史记》会变成“豺”？可能牵涉更为复杂的问题。段玉裁《古文尚书撰异》指出前者用的是古文本，《史记》所据的是今文《尚书》。值得注意的是，无论是今文还是古文，汉代其

豺，狗足（《尔雅图》）

他典籍所引俱无作“如豺”者，则司马迁何以在迻录原文之时，却又径作更改，实不可知。当然，如果纯就动物的凶悍与凶残而论，《史记》所列的虎、罴（似熊，黄白文）、豺、离（通作“螭”，即蛟），或较《尚书》原有的更胜一筹。

至于在外形的描述上，郝氏所言亦可足参考。高诱说是“似狗而长毛，其色黄”，《仓颉解诂》则说是“似狗”“白色”，二者所言稍有差异。今所见豺，一般头部、颈部、肩部、背部，以及四肢外侧等处的毛色为棕褐色，腹部及四肢内侧为淡白色、黄色或浅棕色，大抵并没有全身是白色的。因此，《仓颉解诂》所言者存疑。反之，狼可以几乎全身白色；可见古人对于“豺”和“狼”颇易混淆。

豺与狼是两种动物，不当轻易混为一谈。其实二者的毛色、耳朵的形状等还是不太相同的，如上文所言，豺主要为棕褐色，而狼则常呈灰色，但也能几乎全白到红、褐和黑色间变化。至于耳朵，豺的耳朵短而圆，狼耳则竖立，形态相异。豺是最强的犬科动物，也是最凶残和灵活的犬科动物，体形虽小于狼，但是战斗力比狼为高。但在传统文献里，“豺狼”每多合称，似乎不可分离，代表的是凶残的动物。最著名的豺狼，自然是《孟子·离娄上》所载的那一头：

> 淳于髡曰：“男女授受不亲，礼与？”
>
> 孟子曰：“礼也。”
>
> 曰：“嫂溺，则援之以手乎？”
>
> 曰：“嫂溺不援，是豺狼也。男女授受不亲，礼也；嫂溺，援之以手者，权也。”

淳于髡是齐国的辩士，当时之礼，男女不可亲手递接东西，问及孟子，孟子以之为然。淳于髡接着提出难题，谓嫂嫂遇溺，男子应该以手援之吗？说到这里，豺狼便出现了。孟子以为如果嫂嫂遇溺也不施以援手，那便等同豺狼。礼固然要遵守，但也有行权的时候。“豺狼”二字同出，象征不仁，此为显例。其实，豺与狼皆是群居动物，喜欢集体围攻觅食。在它们的族群之内，豺和狼的群居阶级性颇强，其凶残大抵只能体现在捕猎之时。《说苑·尊贤》：“今有人不忠信重厚而多知能，如此人者，譬犹豺狼与，不可以身近也。”《文子·上义》：“夫畜鱼者，必去其蝙獭；养禽兽者，必除其豺狼，又况牧民乎！”这些典籍里的“豺”和“狼”都走在一起，同样是恶贯满盈的代表。

曹植《赠白马王彪》写于黄初四年（223），内里的豺狼也很著名。是年五月，曹植和白马王曹彪（异母弟）、任城王曹彰（同母兄）同到洛阳朝会。曹彰暴死，曹植和曹彪在七月初回封地，二人本来打算同路而行，但朝廷派出监国使者强迫他们分道。曹植悲愤不已，因而写下此诗赠予曹彪。其中有“鸱枭鸣衡轭，豺狼当路衢”二句，前句的“鸱枭”是不祥之鸟，“衡”是车辕上的横木，“轭”是衡两旁下面用以扼住马颈的曲木。这句比喻小人在皇帝身边搬弄口舌。后句用了“豺狼”，豺狼当道意即受小人阻隔。大抵亦意味着兄弟之间有小人壅塞言路，致使兄弟隔阂。曹操在世之时，在长子曹昂死后，曾为立储之事犹豫不决，曹植更“几为太子者数矣”（《三国志》语）。可是，曹植还是因为几次过错，最终使曹操只能立曹丕为太子。曹操死后，曹丕继位，曹植与兄长二人愈走愈远。曹丕一直迫害曹植，不单杀掉曹植之党羽，更一再迁徙曹植之封地以严加监视。其实，即使没有小人作梗，曹丕仍然视曹植为心腹大患，一直猜忌。因此，在二人之关系中，豺狼是否当道并不重要，或许，只有才高八斗之曹植才觉得因有小人才使得与兄长分离。

在唐诗里，“豺狼”更是习见动物，经常阻塞道路，望之令人生厌。

王绩《薛记室收过庄见寻率题古意以赠》有“豺狼塞衢路，桑梓成丘墟”之句，豺狼仍在陆地；高适《登百丈峰》“豺狼塞瀍洛，胡羯争乾坤”，则豺狼之势力已经蔓延至水中（瀍水、洛水）。诗圣杜甫喜用“豺狼”入诗，使用超过十次，其中在《哀王孙》里，“豺狼在邑龙在野”句的“豺狼”所指的是安禄山，“龙”是唐天子。鹊巢鸠占，安史之乱时，天子出逃，贼人占据首都长安。豺狼从未有实指的小人、坏人，一跃进化而成鼎鼎大名的安禄山。蔡梦弼注：“豺狼，喻盗贼；龙，喻天子。豺狼在邑，言盗贼得势；龙在野，言天子失所也。”仇兆鳌《杜诗详注》在篇题“哀王孙”之注释，明确指出占据长安的贼人与落荒而逃的天子。诗圣不免提升了豺狼的层次。

在白居易《新乐府·天可度》里“劝君掇蜂君莫掇，使君父子成豺狼”，运用了尹吉甫儿子伯奇将后母身上毒蜂赶走的典故，即使亲如父子也可以变成豺狼一样。王昌龄《咏史》之豺狼更是“天下尽兵甲，豺狼满中原”，坏人如麻，所指已不是一二小人。战火连绵，唯有离开才是出路。

细考“豺狼”二字，当是并列结构词语。并列结构词语是由两个意义相同、相近、相关或相反的词根并列组合而成的，这两个词根的前后顺序一般不能随意调换，如“豺狼”不能说成“狼豺”。实际上我们会说“豺狼”的时候是看到了“豺”；看见“狼”的时候只会说“狼”。因此在两字之中，释义上实际是偏向了前者。无论如何，豺代表了凶残、小人等负面意思。

可是随着时代发展，中国古人对豺的认识多了，形象也逐步转变，改邪归正。在宋代王安石《字说》里，其云：“豺，柴也。豺体细瘦，故谓之豺。豺能胜其类，又知祭兽，可谓才矣。”（王安石《字说》已佚。此据张宗祥辑本）明代李时珍《本草纲目·兽部》因谓“故字从才”。

这里带出了两种释读“豺”字的方法：首先，“豺”与“柴”同音，因豺之体瘦如柴而读为豺，此乃通假；其次，因豺有胜乎其类，以及捕猎祭兽之才，故字从才，此乃会意兼形声。豺的聪明才智，还彰显在明代刘基《郁离子·豺智》里：

> 郁离子曰：“豺之智其出于庶兽者乎？呜呼，岂独兽哉？人之无知也亦不如之矣！故豺之力非虎敌也，而独见焉则避。及其朋之来也，则相与犄角之。尽虎之力得一豺焉，未暇顾其后也，而犄之者至矣，虎虽猛其奚以当之？长平之役，以四十万之众投戈甲而受死，惟其智之不如豺而已。”

这里对豺的歌颂，实为极至。此外，更见刘基对豺的生活习性的认识。刘氏以为豺的智慧不单是出于众兽，更是超越人类。因豺自知独斗不如虎，故必待同伴到来方始夹击。老虎只能全力扑击一豺，无暇后顾，群豺便可以背后攻击了。老虎虽然凶悍，却不能抵挡群豺，刘基想表明的是豺灵活变通的能力。故事本身是寓言，说的是战国时候赵将赵括只会夸夸其谈，纸上谈兵，智慧不如豺。因此，读书虽然重要，贵在能灵活运用。诚如前文所言，豺善于群捕围猎，能够合作，相较单打独斗之动物，豺实在是出类拔萃。

从古代中国走到古埃及，同是四大文明古国，豺的遭遇完全是另一回事。在古埃及，赛特（Set，也作Seth、Setekh等），又名西德，是力量、战争、风暴、沙漠、外国之神。赛特乃盖布（Geb或Keb或Seb）与努特（Nut或Nuit）之子，奈芙蒂斯（Nephthys）之丈夫，九柱神之一。赛特与妻子诞下阿努比斯（Anubis）和凯贝特。在形象上，赛特乃豺头人身之神祇，有长方形的耳朵和弯曲凸出的长嘴。因属远古，有人以为赛特的形象实际上为土豚（aardvark）。除了豺和土豚以外，赛特有时甚至会被描刻为羚羊、驴、鳄鱼或河马之头。在古埃及圣体书里，赛特用以下几个符号表达：

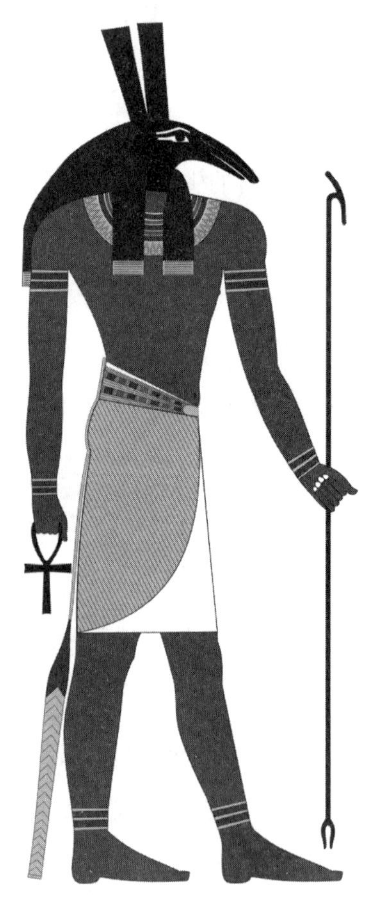

赛特（Set）

这几个符号之中，那走兽明显便是豺。根据希腊历史学家希罗多德《历史》的说法，赛特最初是柏柏尔人（西北非洲之部落）所崇拜的神祇。更有人将赛特等同柏柏尔人的海神波塞冬。赛特拥有神秘的力量，在其中一部金字塔文本里，便阐述了法老的力量就是赛特的力量。

赛特经常与天神荷鲁斯（Horus）相对比。荷鲁斯的形象是隼头人身，其眼睛为太阳与月亮。由于荷鲁斯是天神，因此赛特又作为土地之神。天与地、隼与豺，也是有趣的对比。曾经，在公元前3000年时，赛特取代荷鲁斯成为法老的守护神，可是后来赛特谋杀兄弟的传说愈演愈烈，形象不正面，荷鲁斯又重新回到法老守护神的岗位上。

在古埃及文化里，豺是充满智慧的。赛特代表了众多的神灵，可是今天的豺本身却不见于非洲大陆，而只见于东亚、南亚和东南亚，主要生活在热带、温带的山地森林。然则古埃及的赛特，是否代表了豺曾经生活在非洲大陆的证据呢？赛特的儿子是阿努比斯，乃冥界之王、亡者的守护者、防腐之神，以及冥界判官。阿努比斯的形象是胡狼头而人身，与赛特有所分别。胡狼（jackal）乃犬科动物，在非洲、亚洲、欧洲皆可见其踪影。胡狼虽然有时也称豺狼，但正如上文所言，“豺狼”所指其实更偏向“豺”，与此所言胡狼有所不同。犬科以下，胡狼乃犬属，豺乃豺属，虽然相近，但当为二物。

由于豺在中国传统文化里长期被视为害兽，加之以居住环境受到破坏，数量逐渐减少，处于濒危状况。豺现在位列“国际自然保护联盟濒危物种红色名录”的濒危物种。其实，豺只是围捕猎物觅食，性无善亦无不善也。人类也不应该将自己的善恶标准加诸动物之上。很多时候，每一物种都是食物链里关键的一部分，某一物种的灭绝，可以造成生态系统的不稳定，并可能最终导致整个生态系统的崩解。孟子笔下有“蛇龙居之”“园囿、污池、沛泽多而禽兽至”之句，动物似乎曾经侵占了人类的美好家园。人类要如何才可以与动物共融？在古今中外都是一门高深的学问。

绝笔于获麟

传说中的动物，总是教人着迷。

麟是什么动物呢？《春秋·哀公十四年》："十有四年春，西狩获麟。"《左传》："十四年春，西狩于大野，叔孙氏之车子钼商获麟，以为不祥，以赐虞人。仲尼观之，曰：'麟也。'然后取之。"《春秋》是鲁国史书的名称，孔子晚年整理鲁国历史材料，始自鲁隐公元年，止于哀公十四年。后人亦以"春秋"作为这个时代的名称。其时，鲁国叔孙氏的御者钼商猎得麟，以为不吉利，赏赐给掌管山泽苑囿田猎的官员。麟是神灵之物，在太平盛世才会出现，但当时正逢乱世，出非其时，孔子将此事记录下来以后，就终止了《春秋》的写作。杨伯峻《春秋左传注》解释这段文字，其曰：

> 《公羊传》且云："西狩获麟，孔子曰：'吾道穷矣。'"麟即麒麟，何法盛《征祥说》："牡曰麒，牝曰麟。"《说文》本《公羊》，谓为仁兽。《尔雅·释兽》作"麐"，云："麕身，牛尾，一角。"然中国实无此兽，今非洲有名奇拉夫（Giraffa）之长颈鹿，有人疑即古之麒麟。

杨氏指出"中国实无此兽"，而《尔雅·释兽》作"麐"，其特征是有麕的身体、牛的尾巴，有一角。此外，“西狩获麟”之“麟”可能是雌性的；雄性的称为“麒”。考诸中国无此动物，杨氏推断当是行走于非洲大陆的长颈鹿。先不论长颈鹿是否真的是古代的麟，我们且来看看字书里的记载，《说文解字·鹿部》有以下三字：

麟，大牝鹿也。从鹿粦声。

麒，仁兽也。麋身，牛尾，一角。从鹿其声。

麐，牝麒也。从鹿吝声。

根据《说文》所言，“麟”是体形庞大的雌鹿；“麒”是仁兽，鹿身而牛尾，独角，当是雄性；“麐”是雌性的麒。郝懿行云：“麐，经典通作麟。”可知“麐”即“麟”，二字音义相通。比合而论，“麒”为雄性，“麟／麐”为雌性。沈约《宋书·符瑞志中》则有以下记载：

麒麟者，仁兽也。牡曰麒，牝曰麟。不刳胎剖卵则至。麕身而牛尾，狼项而一角，黄色而马足。含仁而戴义，音中锺吕，步中规矩，不践生虫，不折生草，不食不义，不饮洿池，不入坑穽，不行罗网。明王动静有仪则见。牡鸣曰逝圣，牝鸣曰归和，春鸣曰扶幼，夏鸣曰养绥。

这里的“麒麟”相当神化。除了与前人相同的论述以外，《宋书》里的“麒麟”还附会了许多道德意味在其中。号为“仁兽”不在话下，更是“含仁而戴义”。其仁德之极，“不刳胎剖卵”，“不践生虫，不折生草，不食不义”，简直是瑞兽界的伯夷、叔齐。但最重要的是，这段文字里有着具体的外形描述，让我们可以案图索骥，寻找麒麟的身影。据上

麒麟（《三才图会》）

文，麒麟是“麕身而牛尾，狼项而一角，黄色而马足”，其中“麕身而牛尾”，与《说文》释“麒”之释义相同。麒麟还有狼的脖子，且有单角。最重要的，是“麒麟”有着黄色的躯体，其脚则如马，似乎与今天所见长颈鹿相类。又，同一物种的雄性（牡）和雌性（牝）各有专称，也体现了古代汉语词汇的丰富多姿。

因“获麟”而辍笔的不止是孔子，还有司马迁。司马迁乃西汉人，撰有《史记》一书，内里包括轩辕黄帝至于汉武帝在位期间共3000年之史事。司马迁的偶像是孔子，其父司马谈临终前，希望儿子能够继承孔子编纂《春秋》之精神。在《史记·太史公自序》里，司马迁指

长颈鹿（笔者摄于美国洛杉矶动物园）

出《春秋》可以“上明三王之道，下辨人事之纪，别嫌疑，明是非，定犹豫，善善恶恶，贤贤贱不肖，存亡国，继绝世，补敝起废，王道之大者也”。这种寓褒贬于叙事之中的《春秋》精神，深深启发了后世史家。由是观之，《春秋》实在是量度古代事物的准绳，而《史记》同样以此为己任。《汉书·武帝纪》记载汉武帝：“元狩元年冬十月，行幸雍，祠五畤。获白麟，作《白麟之歌》。”这里的“麟”，唐人颜师古注：“麟，麋身，牛尾，马足，黄色，圜蹄，一角，角端有肉。”颜师古的解说与《尔雅》《宋书》皆有所近。总之，汉武帝在位时又出现了一次“麟”。诚如上文所言，麟应该见于太平盛世，孔子因为出非其时，故绝笔《春秋》。司马迁生于汉武盛世，国力鼎盛，理应不觉其非。可是，《史记》乃是司马氏一家之言，要见盛观衰，原始察终。汉武帝穷兵黩武，极度奢华，已为盛世埋下危机。司马迁知之，故武帝获麟，史迁绝笔。《史记·太史公自序》:“于是卒述陶唐以来,至于麟止。”《史记》载事下限便是武帝获麟之时。李长之《司马迁之人格与风格》以为“司马迁是能够为一个伟大人物的心灵拍照的”,他以孔子为榜样,代表《史记》所带出的也是《春秋》微言大义的精神。

麒麟是中国古代传说中的动物,《礼记·礼运》说:“何谓四灵?麟、凤、龟、龙谓之四灵。故龙以为畜,故鱼鲔不淰;凤以为畜,故鸟不獝;麟以为畜,故兽不狘;龟以为畜,故人情不失。”毛(走兽)类、羽(飞鸟)类、介(介壳)类、鳞(鳞甲)类诸动物的代表者,谓之四灵。畜养了龙,大鱼小鱼便有所统率而不潜入泥淖。同理,畜养了凤与麟,则鸟兽不至于乱飞乱窜。畜养灵龟,可以预卜人情真伪而不至错误。所以先世王者秉着卜筮用的蓍龟,安排鬼神的祭祀,馈赠礼品,宣扬祝嘏辞说,订立制度,于是国有礼俗,官有执掌,事有范围,礼有秩序。这里得见“麟”是走兽类的代表,如果麒麟真的是长颈鹿的话,相信今天的它做梦也没有想过原来自己曾经是走兽类的代表。或许,狮子、老虎从来也没有想过长颈鹿曾经有与之争胜的一天。

传说中的动物,终于有一天变成了事实。

明代永乐三年(1405),明成祖命正使郑和与王景弘率士兵二万八千余人出使西洋,这是七下西洋的第一次。此后至明宣宗宣德五年(1430)第七次下西洋。后郑和于宣德八年(1433年)四月病逝,船队于同年七月六日返抵南京。郑和七下西洋,时间跨幅长达二十八年,伴随而来的是不少新奇古怪的贡物。《明史·外国列传七·榜葛剌传》载:

> 永乐六年,其王霭牙思丁遣使来朝,贡方物,宴赉有差。七年,其使凡再至,携从者二百三十余人。帝方招徕绝域,颁赐甚厚。自是比年入贡。十年,贡使将至,遣官宴之于镇江。既将事,

《三才图会》里的麒麟

> 使者告其王之丧。遣官往祭，封嗣子赛勿丁为王。十二年，嗣王遣使奉表来谢，贡麒麟及名马方物。[①]

明成祖永乐十二年（1414），郑和的部下杨敏带回榜葛剌国（今孟加拉）[②]进贡麒麟，举国为之喧腾。这是明代第一次引进麒麟。翌年（永乐十三年，1415），郑和四下西洋，远至东非，从麻林国（今肯尼亚的

---

①《明史·成祖本纪三》“永乐十二年”载云：“榜葛剌贡麒麟。”

②榜葛剌是什么地方呢？我们再来看看《明史》的叙述：“榜葛剌，即汉身毒国，东汉曰天竺。其后中天竺贡于梁，南天竺贡于魏。唐亦分五天竺，又名五印度。宋仍名天竺。榜葛剌则东印度也。自苏门答剌顺风二十昼夜可至。”

马林迪）带回该国进贡的麒麟。《明史·成祖本纪三》云："麻林及诸番进麒麟、天马、神鹿。"《明实录》也有相关记载。这是明代第二次引进麒麟。如果只是单凭文字记载，我们还是难以猜想麒麟为何物，然而，明代儒林郎翰林院修撰沈度作于永乐十二年（1414）的画，有《瑞应麒麟图》，画中描绘了1414年郑和下西洋时榜葛剌国进贡的麒麟。就画像所见，原来麒麟是长颈鹿，不禁教人茅塞顿开。

冯承钧《瀛涯胜览校注》"阿丹国"条麒麟注："Somali语giri之对音，即giraffe也。"这个"阿丹国"即是今天的索马里，正是非洲东岸，郑和船队曾经到达的地方。索马里语代表长颈鹿的giri，便是"麒麟"的音译。可见远在非洲的国家，同样视长颈鹿为麒麟。时至今日，日语及韩语中仍将长颈鹿称作麒麟。日本保留了许多中国古代文化，在今天的日本语里，"キリン"指的意思便是中国传统的麒麟，更是日本语里长颈鹿的意思。如果我们说上引杨伯峻解释孔子"绝笔于获麟"，还是处于半信半疑的阶段，日本人在语言里早就将"麒麟"与"长颈鹿"划上了等号。

在今天的生物分类里，长颈鹿隶属哺乳动物纲偶蹄类偶蹄目长颈鹿科。其明显特征是：眼睛大，耳朵大，两性都具有二至四个角，背部从肩到臀部急剧倾斜，长腿下生有重足，而成簇状的尾巴则用以驱赶苍蝇①。2016年12月8日，国际自然保护联盟将长颈鹿调至"易危"级别，从之前的"无危"连跳两级。数据显示，该物种的野生数量从1985年的16万左右，骤减到2015年的不足10万，减少了大约百分之四十。如果我们不对长项鹿加以保护，或许到了不久将来的某一天，它会变成中国的麒麟，成为了传说的一部分。

---

①〔英〕朱丽叶·克拉顿-布罗克（Juliet Clutton-Brock）主编：《哺乳动物》，中国友谊出版社2005年版，第346页。

《瑞应麒麟图》，今藏台北故宫博物院。原画上部有《瑞应麒麟颂序》，从左边缘写满到右边缘，共二十四行。《瑞应麒麟图》有二枚印章，在画幅紧左边缘中央。《瑞应麒麟图》有两种临摹本：一为明代华亭沈庆临摹，图中的麒麟，身上有锯齿纹。此图原归李印泉收藏，后为美国收藏家John T Dorrance 购得。现藏美国费城艺术博物馆。二为清代陈璋描临《榜葛剌进贡麒麟图》，现藏中国国家博物馆。

后　记

育儿的副产品

动物就在我们的身边，古今皆然。为什么会写这样的一部书呢，原因有二。我关注的学术重点有几个，其中一个是唐宋类书研究。类书为中国古代之工具书，乃采辑古籍所载有关事物，将其依类或按韵编排，以备检索文章辞藻、掌故事实者之用。胡道静以为类书乃“百科全书”和“资料汇编”之综合体。在唐代的《艺文类聚》、宋代的《太平御览》里，可以得见鸟部、兽部、鳞介部、虫豸部等，且在每部之首，必然引用传统字书之解说，清晰鲜明。在2016年暑假，因参加在四川成都举办的第十八届唐代文学年会之故，写了一篇题为《〈艺文类聚〉所引动物诗赋研究》的论文作报告之用，最后虽因事未能赴会，但总算是为“古代动物研究”的主题作了研究的开端。同年年底，到上海复旦大学参加中日日藏汉籍研讨会，得复旦大学陈尚君教授馈赠一套《自然珍藏图鉴丛书》，包括了昆虫、哺乳动物、两栖与爬行动物、鸟等诸册，回香港后好好阅读，所得甚多。

家里两个小孩从小就很喜欢动物，儿子从大象开始，后来是鲸鱼、犀牛，近年几乎仿如天竺鼠化身；女儿则一直钟情于仓鼠，梦想是长大后成为一只仓鼠。小时候，他们都要睡前听故事，而动物故事一直是童话故事的主要来源。因此，在白天研究唐宋类书之余，晚上又走进以动物为主角的童话故事国度里，忽然想起一个“无论大小全家一起研究动物”的念头，于是便开始了本书的撰作。

研究的过程断断续续，我同时还在进行汉代诸子、汉唐经学、避讳学、域外汉籍的研究，以及古籍整理与校点等。从2019年11月开始，蒙《国文天地》应允，在杂志里开了一个“字书里的动物世界”的专栏，比较有系统地以每月一篇的方式，跟对此主题有兴趣的读者见面。以往曾经跟内子许下宏愿，希望在家里小孩还“小”的阶段完成本书，作为父母陪伴他们成长过程中的一点印记。今天，儿子刚好小学六年级毕业，而此“后记”草创，兑现了在小孩还“小”的时候完成动物研究的承诺，也证成了自己对小孩的诚实不欺。

除了《国文天地》以外，本书部分篇章尝蒙两岸四地的刊物刊载，包括《国学新视野》《艺文杂志》《中华瑰宝》《古典文学知识》等，在此一并致谢。此等篇章，在收入本书时多略作修订。书首序文蒙本系荣休讲座教授张洪年教授、业师何志华教授所赐，谨此致谢。是次能够将过去数年所写的文章合为一书，尤其感谢《国文天地》总编辑张晏瑞先生的认同，以及责任编辑吕玉姗女士的辛劳协助。本书不备之处尚多，还望四方君子不吝赐正。

二〇二〇年七月于香港马鞍山

名家推荐

古老的中华大地上，万年前也曾是广袤的动物乐园，上古先民对此有丰富的记录，保存在古老的文献中，人为造成与当代读者的障隔。饱读汉前古书的潘铭基教授，以深厚的学养与真诚的童心，仔细发掘，精当解读，深入浅出，天趣盎然，学童须叟读此皆可有所收获也。

——陈尚君（复旦大学中国语言文学系教授）

潘教授的学术著作非我所能置喙，这书却是我读来充满乐趣，而乐于推荐的。一来，他的写法既保持学者追源深究的精神，可又深入浅出，附以画图，尽多趣味的笔触。二来，我喜欢动物，这书助我从另一角度重新认识动物。

——何福仁（香港作家）

潘教授，博物君子也，亦暖心慈父。为启童蒙，乃冶古今中外于一炉，合类书、字书、神话传说于一编，与虫鱼鸟兽对话。是书详考证、辨疑似、明人伦、示劝惩。图文并茂，深入浅出。乃动物的大观园、亲子的良读物。

——张高评（成功大学名誉教授）

（以姓氏拼音序）